# FRÉDÉRIC SOULIÉ.

# LA COMTESSE
# DE MONRION.

SECONDE PARTIE
## JULIE.

II

Derniers ouvrages de M. Frédéric Soulié.

DRAMES INCONNUS. | UN CADET DE FAMILLE.
4 volumes in-8°. | 5 volumes in-8°.

LES AMOURS DE VICTOR BONSENNE.
5 volumes in-8°.

# OEUVRES
## DE
# FRÉDÉRIC SOULIÉ.

CHEZ LE MÊME ÉDITEUR :

EN VENTE :

## LES DRAMES INCONNUS,
Par Frédéric Soulié.

## UN HIVER A MAJORQUE.
Par GEORGE SAND.

## AMAURY,
Par ALEXANDRE DUMAS,

## MELCHIOR, — MOUNY-ROBIN,
Par George Sand.
(Faisant partie de la 4ᵉ livraison du *Foyer de l'Opéra*, 2 vol. in-8.)

## HUIT JOURS AU CHATEAU,
Par Frédéric Soulié,

## LE PÉCHÉ DE MONSIEUR ANTOINE,
Par GEORGE SAND.

## CORATIN
Par PAUL DE KOCK.

## LE MÉDECIN DU CŒUR,
Par Alphonse BROT.

## LA FEMME PIRATE.
Par Jules LECOMTE.

## LE NAUFRAGE DU PACIFIQUE,
Par le capitaine MARRYAT.

Lagny. Imp. de Giroux et Vialat.

# LA COMTESSE DE MONRION

*SECONDE PARTIE.*

## JULIE,

PAR

Frédéric Soulié.

2

PARIS,
HIPPOLYTE SOUVERAIN, ÉDITEUR
de MM. Frédéric Soulié, George Sand, de Balzac, Alexandre Dumas, Paul de Kock,
Alphonse Brot, Jules Lecomte, Amédée de Bast, etc.
RUE DES BEAUX-ARTS, 5.

1847.

# LE PREMIER RENDEZ-VOUS.

## X.

Quoique Brias affectât d'avoir pour Montéclain une très petite estime, les avis mystérieux que celui-ci lui avait donnés l'avaient frappé : il avait compris la difficulté qu'il éprouverait à mener de front ses projets de mariage et son amour pour madame de Champmortain.

Ce n'est pas que cet amour fût un de ceux auxquels un homme sacrifie en aveugle les intérêts les plus chers; tout au contraire, Brias avait froidement calculé que ce ne pouvait être pour lui qu'une chaîne qui pèserait sur tout son avenir. La passion de Sylvie l'effrayait.

Accoutumé à porter ses faciles affections à des autels dont les divinités ne redoutent pas le changement du prêtre, il avait été dès l'abord intéressé et presque dominé par l'amour de Sylvie ; amour sincère, absolu, et qui, dans sa résistance, se montrait mille fois plus brûlant que d'autres dans leur abandon.

La curiosité du libertin s'était émue à cette lutte désespérée, et il avait cherché avec ardeur à avoir le dernier secret de cette âme timorée ; il s'était fait une image charmante de la chute complète de cette vertu chancelante, et, comme le disait Sylvie, il avait osé demander avec l'autorité d'un cœur qui se dit méconnu, et qui cependant était maître de lui.

Dans ces combats, où il torturait froidement le cœur désolé de Sylvie, Brias avait enfin compris que le triomphe n'est pas toujours le bonheur; il avait pu sonder l'avenir qu'il se préparait.

Les exigences incessantes, l'esclavage inflexible, les jalousies furieuses, voilà ce que lui promettait la défaite de Sylvie, en écartant même de cet avenir les dangers sérieux et scandaleux que pouvait faire naître l'imprudence d'une si ardente passion.

Ces réflexions qui s'étaient souvent présentées à lui, prirent une nouvelle puissance, grâce aux singulières paroles de Monclain, et Brias se résolut à rompre avec madame de Champmortain, autant pour échapper aux périls d'une liaison pareille, que pour rester libre dans ses entreprises sur madame de Monrion.

Mais un homme à bonnes fortunes accepte difficilement le rôle d'un poltron et d'un traître, et Brias crut devoir employer, pour rompre, un moyen très vulgaire, mais qui devait mettre tous les torts du côté de madame de Champmortain.

Il était déjà plus de trois heures lorsque Brias arriva dans un fourré qui longeait un côté du parc de monsieur de Rudesgens. C'était une réserve, entourée d'un palis, de façon qu'il était à l'abri de la surveillance des gardes et des promenades des désœuvrés.

Une petite porte du parc ouvrait sur cette réserve, et l'on y entrait du bois par une brèche faite au palis, et soigneusement cachée.

Lorsque Brias arriva, il crut remarquer qu'on avait écarté les bourrées qui fermaient la brèche ; mais il se rassura en voyant Sylvie à quelques pas.

— Vous êtes venue par là ? lui dit-il.

— Oui, répondit-elle froidement; je reviens de chez madame de Monrion.

— Champmortain, que je viens de rencontrer allant chez madame Amab, m'a dit que vous aviez passé la nuit chez madame de Monrion, et que vous y comptiez demeurer toute la journée.

— Je vois que j'ai eu tort de venir...

— Ne suis-je pas venu ? dit Brias en homme qui eût pu s'en dispenser.

— Monsieur de Brias, répondit Sylvie, qui faisait tous ses efforts pour dominer l'agitation qu'elle éprouvait, je viens de passer une nuit qui m'a été salutaire... elle m'a éclairé sur l'imprudence coupable des démarches auxquelles je me suis laissée entraîner par vous... Il faut qu'elles cessent dès aujourd'hui, et pour toujours.

Sylvie se détourna pour cacher ses larmes.

Toutefois, Brias n'entendit pas, sans quelque mécontentement de vanité, une déclaration qui venait si bien en aide à ses propres desseins. Il voulait fuir, mais il ne voulait pas être renvoyé.

Cependant il fit taire ce léger mouvement d'amour-propre, et il reprit d'un air de tristesse fort bien joué :

— Je devais m'y attendre. Ce devait être la récompense d'un amour sincère... J'obéirai, Madame.

— Et je suppose que vous le ferez avec joie, reprit amèrement madame de Champmortain, car vous aurez plus de liberté pour donner à vos amis les heures que vous perdez avec moi.

— En vérité, Madame, je ne vous comprends pas, dit Brias alarmé de cette insinuation.

Madame de Champmortain pétrissait dans ses mains crispées le mouchoir avec lequel elle avait essuyé les larmes qu'elle cherchait vainement à retenir.

— Vous ne me comprenez pas,

Monsieur, reprit-elle; soit, n'en parlons plus... il ne me reste plus qu'à vous remercier d'avoir bien voulu m'accorder ce dernier entretien.

— Madame...

— Il est vrai, dit amèrement Sylvie, que vous ne pouviez pas être ailleurs ; un rival plus heureux occupe en ce moment les caprices de cette fière beauté qui vous dédommagera sans doute bientôt des ennuis d'un amour ridicule.

Brias comprit alors sur qui se portaient les soupçons de Sylvie, et tout à-fait rassuré sur le secret de ses desseins vis-à-vis de madame de Monrion, il se décida à jouer franchement la scène qu'il avait préparée.

— Je ne sais de qui vous voulez parler, Madame, reprit-il d'un ton contraint ; mais il serait peut-être heureux pour moi que vous eussiez raison. Oui, je vous le jure, Sylvie, je bénirais le jour où mon cœur, brisé par vos refus, trouverait dans sa fierté ou dans son désespoir, la force d'offrir à un autre cet amour que vous repoussez.

— Ah ! dit madame de Champmortain d'une voix altérée, vous n'en êtes plus à attendre ce bonheur, il est venu...

— Vous vous trompez, Sylvie, reprit Brias, mais j'y ferai tous mes efforts.

— Comment, dit Sylvie avec un sourire sardonique, un homme comme vous en est encore à l'espérance avec une femme comme celle-là?.. Vous me surprenez étrangement, Monsieur. Comment! une assiduité de quinze jours n'a pas triomphé encore de cette vertu!

— On ne peut espérer réussir là où l'on ne tente rien.

— Qu'allez-vous donc faire chez elle tous les jours, s'écria madame de Champmortain en éclatant. Vous y étiez encore hier, peut-être ce matin, peut-être y serez-vous dans quelques minutes. Oh! vous me trompez, j'en suis sûre, vous me trompez.

— Non, Madame, dit Brias avec une fierté affectée. Je ne vous trompe pas, non, je n'aime point madame Amab.

— Ah! s'écria madame de Champmortain avec colère, vous l'avez aisément reconnue ?

— Mais quand je l'aimerais, continua Brias, n'en aurais-je pas le droit ? Ne puis-je pas vouloir m'arracher par tous les moyens à une passion folle, à qui vous interdisez toute espérance... à une passion... que vous n'avez jamais partagée... que vous dédaignez...

— Et c'est vous qui me parlez ainsi, Monsieur ; mais pourquoi suis-je ici, mon Dieu ! pourquoi ai-je quitté madame de Monrion, pourquoi ne suis-je pas rentrée dans ma maison ? pour venir près de vous, au risque de mon honneur...

— Et pour me dire, reprit Brias avec vivacité, qu'il est temps que toute relation cesse entre nous.

— Et vous vous êtes empressé d'obéir.

— Pensez-vous que ce ne soit pas assez d'humiliation, Madame? pensez-vous que je ne me sois pas jugé indigne de vous, en voyant avec quelle froideur vous me repoussiez...

« Je ne me plains pas, Madame, de ne point vous paraître mériter le retour que j'ai tant de fois imploré à genoux... Mais vous permettrez à celui qui souffre de s'arracher à sa torture.

— Et d'aller chercher ailleurs un cœur plus complaisant.

— Eh bien ! oui, Madame, oui, dit Brias avec un feint emportement, et si celle que vous accusez voulait accepter des vœux que vous rejetez si cruellement, je la bénirais.

—Et vous l'aimeriez... ou plutôt vous l'aimez déjà...

— Soit, Madame, dit Brias, qui

croyait enfin à cette rupture tant désirée.

— Mais qu'a-t-elle donc? s'écria tout-à-coup madame de Champmortain; qu'a-t-elle donc de si enivrant pour vous plaire à tous, cette femme que vous me préférez? Est-ce donc parce qu'elle n'a ni pudeur ni retenue? est-ce donc parce qu'elle se livre sans combats, sans remords, à ses caprices honteux?

— Eh bien ! Madame, si elle le fait, du moins ne joue-t-elle pas le rôle d'une odieuse coquette, qui demande l'amour, qui l'exige, qui l'enflamme, qui l'égare, et qui, lorsqu'il tombe éperdu et suppliant à ses genoux, le repousse d'un pied dédaigneux...

« Peut-être est-elle coupable... mais elle aime, et dans l'amour, Sylvie, il n'y a d'autre crime que de n'aimer pas.

— Toujours, reprit Sylvie en frémissant de colère et de douleur, toujours le même reproche, la même menace...

« Je ne vous aime pas, dites-vous,

mais, mon Dieu ! que faut-il donc que je fasse?

Brias avait déjà vu ces paroxismes de douleur, où la tête de Sylvie semblait prête à s'égarer, et toujours il l'avait vue sortir triomphante de la lutte...

Il prévit qu'il en serait de même cette fois, et il voulut frapper le dernier coup.

— Il faut, lui dit-il d'une voix émue, il faut que vous répondiez à ma tendresse...

« Oui, Sylvie, il le faut... ou je ne

croirais plus à cet amour, si fort contre le mien, si fort contre lui-même...

— Non... fit-elle... non ; j'aime mieux mourir... j'aime mieux vous en voir aimer un autre...

« Non... non... je ne veux pas... jamais...

— Adieu donc, Madame, dit Brias ; adieu, et pour toujours.

—Adieu, lui dit-elle d'une voix éteinte.

Brias la regarda tomber sur un

banc de gazon, où elle demeura éplorée et anéantie. Elle était ainsi d'une beauté saisissante, toute la passion qu'elle étreignait si puissamment en elle-même frémissait dans le désordre de ses traits, dans le tremblement convulsif de ses lèvres, dans l'égarement fixe de ses regards.

Brias hésita...

Le désir bizarre de contempler encore une fois les douleurs de cette passion l'emporta sur la prudence qu'exigeaient ses desseins, il revint près de madame de Champmortain, et il lui dit :

— Ainsi c'en est fait, Sylvie !

Elle se détourna sans répondre.

— Adieu donc ! reprit-il.

— Où allez-vous? s'écria-t-elle tout-à-coup en l'arrêtant.

— Que vous importe, Madame...

— Où vas-tu, Frédéric? reprit-elle d'un ton égaré.

— Qu'avez-vous dit, Sylvie? dit Brias, que ce cri émut malgré lui.

— Ce que j'ai dit... je ne sais... Mais, Frédéric, vous, que voulez-vous de moi? qu'exigez-vous?

— Si votre cœur ne vous le dit

pas, ce n'est pas à moi de vous le dire.

— Vous m'aimez, n'est-ce pas?

— Est-ce à vous à en douter?

— Et vous ne retournerez plus chez cette femme?

— Jamais !

— Eh bien ! Frédéric... ce soir... cette nuit... dans ce pavillon...

« Non... non... reprit-elle avec un nouveau désespoir, jamais... jamais... Non, laissez-moi... fuyez-moi... je ne vous aime pas...

Brias pensa avoir satisfait à toutes les exigences d'une rupture, et, cachant sa tête dans ses mains, il s'éloigna en répétant encore une fois :

— Adieu donc, Madame, adieu !...

Il prit un petit sentier, et il allait sortir du taillis, lorsqu'il vit paraître tout-à-coup devant lui madame de Champmortain pâle, éperdue, à demi-folle, qui lui dit d'une voix haletante :

— Eh bien ! puisque tu pars, Frédéric... puisque tu le veux...

viens cette nuit dans ce pavillon...
viens, j'y serai...

Brias s'arrêta stupéfait de son bonheur; et Sylvie ajouta :

— Maintenant, laissez-moi.

— A ce soir donc, dit Brias; et il s'éloigna rapidement, espérant au fond de l'âme qu'un retour de conscience empêcherait madame de Champmortain de venir à ce rendez-vous.

A peine Brias fut-il éloigné, que Sylvie resta immobile, la tête basse, les bras pendants. Ses yeux étaient fixes et secs.

Il n'y avait point sur son visage cette agitation qui naît de l'incertitude ou du remords. Il n'y avait que l'expression désespérée d'une résolution inexorable.

Elle fût demeurée sans doute bien longtemps dans cette position, si un léger bruit ne l'eût arrachée à sa profonde préoccupation. Elle releva la tête, comme une biche alarmée, et vit devant elle une femme qui la regardait avec l'expression d'une douce pitié.

Cette femme s'avança tout-à-fait près de Sylvie, qui se recula avec terreur.

—Qui êtes-vous et que me voulez-vous, Madame? lui dit-elle.

— Je m'appelle madame Léona Amab, et je désire vous parler.

— Je ne vous connais pas, Madame, repartit madame de Champmortain avec une indignation pleine de fierté.

—C'est vrai, Madame, mais je désire que vous me connaissiez.

—C'est ce que je ne désire pas, moi, dit madame de Champmortain en cherchant à s'éloigner.

— C'est cependant le seul moyen de vous sauver, lui dit Léona, en se plaçant résolument devant elle.

— De la violence, Madame.

— Non, Madame, une prière.

— Oubliez-vous qu'il ne peut y avoir rien de commun entre nous?

— Vous vous trompez, Madame, lui dit froidement Léona; il y a les soupçons que vous venez de montrer à monsieur de Brias, et qui me touchent.

— Quoi! Madame, s'écria Sylvie

en regardant Léona d'un œil égaré, vous étiez...

— Oui, Madame, repartit Léona, j'étais là.

— Miséricorde du ciel ! s'écria Sylvie d'une voix désolée, je suis perdue.

— Non, Madame, lui dit Léona avec douceur.

« Si j'avais voulu vous perdre, j'aurais amené ici monsieur de Champmortain.

Sylvie parut ne pas l'entendre.

— Perdue... répéta-t-elle d'une

voix presque éteinte, perdue et par qui...

— Non, Madame, sauvée, et par une femme à qui vous avez fait la plus sanglante injure.

Sylvie reprit toute sa fierté.

— C'est bien, Madame, dit-elle avec un geste impérieux, dites tout à monsieur de Champmortain, il vous croira... il y est accoutumé... en voilà assez entre nons.

— Pas encore, Madame, poursuivit Léona, vous m'avez outragée, et si les assiduités de monsieur de

Champmortain en eussent été la cause, je ne vous l'eusse point pardonné.

« Je trouve que celle qui donne des rendez-vous pareils à celui que je viens de voir, n'a guère le droit de blâmer personne ; mais cette injure, je vous la pardonne, parce qu'elle vous a été inspirée par la passion sincère qui vous domine.

— Madame, j'attends votre dénonciation ; mais je vous ai dit que j'ai assez de vos outrages.

Léona se contenait à grand'peine,

cependant elle reprit d'un ton calme :

— J'ai subi les vôtres, Madame ; et si vous considérez mes paroles comme des outrages, vous devez, vous qui êtes dévote, comprendre mieux que jamais l'excellence de ce principe de votre religion, qui ordonne de ne pas faire aux autres ce qu'on ne voudrait pas qu'on vous fît.

« Mais, Madame, croyez-moi et écoutez-moi patiemment.

« Je ne suis ici, ni pour une menace, ni pour une vengeance ; je suis ici pour une justification. Vous avez accusé monsieur de Brias de rechercher mon amour ; monsieur de Brias, Madame, a mieux à faire que de poursuivre auprès d'une femme mariée une intrigue comme il en a eu tant, comme il en a encore ; monsieur de Brias, Madame, criblé de dettes, arrêté dans sa carrière, ne peut se sauver que par un riche mariage.

« Il l'espère, il le cherche, et si vous avez remarqué en lui quelque froideur, elle ne vient que de la crainte où il est de voir lui échapper la main et la fortune de madame de Monrion.

Depuis que Léona avait prononcé le mot mariage, Sylvie l'écoutait avec une curiosité avide et une inquiétude croissante.

— Madame de Monrion ! répéta-t-elle d'une voix étouffée... Il veut épouser madame de Monrion.

— Soyez-en sûre, et comme ma parole n'est peut-être pas pour vous un gage suffisant, je puis vous donner la preuve de ce que je vous dis.

—La preuve ! dit Sylvie éperdue... la preuve !... vous l'avez ?...

« Ah ! donnez-la moi, Madame, donnez-la moi... et je vous jure...

« Mais non, c'est impossible : vous haïssez madame de Monrion, et vous me trompez.

—Je hais madame de Monrion; mais je ne vous trompe pas.

—Eh bien ! cette preuve... cette preuve !...

—Osez me suivre, Madame, jusqu'à un rendez-vous que j'ai sollicité de monsieur de Brias pour lui parler de ses propres affaires, et cette preuve vous l'aurez.

Madame de Champmortain fit un pas pour suivre Léona; puis elle s'arrêta tout-à-coup : un combat cruel s'élevait entre sa colère et sa dignité; elle subissait à la fois, dans toute leur rigueur, la honte de sa position et les tortures de la jalousie et de l'incertitude.

Léona la contemplait avec une joie cruelle, pendant qu'elle se débattait avec désespoir entre ces horribles sentiments; enfin la passion l'emporta, et elle s'écria :

— Perdue pour perdue, j'aime mieux savoir la vérité!...

# SECOND RENDEZ-VOUS.

## XI.

Madame de Champmortain suivit Léona qui la conduisit jusqu'à une allée sombre dans laquelle elle avait fait cacher sa voiture; elles y montèrent ensemble, et, sur un ordre de Léona, la voiture partit avec rapidité.

Sylvie, en proie au désespoir le plus effrayant, gardait un morne silence pendant que Léona lui glissait dans le cœur les plus indignes calomnies contre sa rivale. Sylvie, à vrai dire, ne l'entendait pas; elle mesurait l'abîme où elle était tombée.

En un jour le secret de cette passion qu'elle combattait de toutes les forces de son âme était arrivé, à la fois, dans les mains de celle qui pouvait lui ravir son amant, et dans les mains de celle qui lui avait enlevé son époux.

Mais dans cette âme jalouse et désolée, la honte d'être au pouvoir de Léona n'approchait point de la colère qu'elle éprouvait à la pensée d'être le jouet de sa rivale.

Léona connaissait trop bien le cœur des femmes, pour ne pas continuer ses calomnies, quoique Sylvie parût ne pas l'écouter. A ce moment, ce n'étaient que de vaines paroles; mais Léona savait quel retentissement elles auraient lorsque plus tard le souvenir en reviendrait à madame de Champmortain.

Elles arrivèrent ainsi à l'endroit du rendez-vous pris par Léona.

Celle-ci aperçut de loin Brias qui se promenait avec activité. Les stores furent immédiatement baissés.

— Restez dans la voiture, dit Léona... Je me tiendrai assez près pour que vous puissiez tout entendre.

Elle fit arrêter, descendit, et fit un signe particulier au cocher qui la suivit pas à pas.

Brias arriva.

— Vous voyez que je suis exact, lui dit-il.

— Je ne le suis pas moins; l'heure n'est pas sonnée.

— Et maintenant, dit Brias, puis-je savoir à quoi je dois cet aimable empressement?

— A une chose de la plus haute importance pour vous et peut-être pour moi.

— S'il en est ainsi, fit Brias en baissant la voix, nous pourrions prendre une autre allée ou dire à votre cocher d'arrêter.

— Il a, d'une part, l'avantage impayable, reprit Léona, d'être sourd et muet, et de l'autre, c'est, aux yeux des gens qui peuvent nous rencontrer, un témoin assez respectable pour qu'on soit assuré qu'il ne se passera rien que de convenable dans notre entretien.

— Vous avez des prévoyances admirables, Léona; parlez donc, et dites-moi pourquoi vous m'avez accordé ce rendez-vous, à moi qui ai eu l'indignité de ne jamais en solliciter un de vous.

— C'est un manque de galanterie que je vous pardonne, repartit Léona légèrement.

« Quand on a l'esprit bourrelé d'assignations, de commandements, de papiers timbrés de toute sorte, on ne pense guère qu'aux affaires sérieuses. J'ai à vous parler des vôtres.

« Savez-vous ce que Montéclain est venu faire ici?

Cette question parut embarrasser Brias, qui jeta un regard de côté sur le taillis.

— Mais, répondit-il, il est venu dans ce pays pour y voir et y surveiller ses propriétés... Je le suppose.

— Non, monsieur de Montéclain y est venu pour madame de Monrion.

— Lui? fit Brias en tressaillant; impossible! il me l'aurait dit.

— Il faut, reprit Léona, que je vous raconte à ce sujet une petite anecdote que vous ignorez peut-être.

« Il y a de par le monde un certain monsieur Villon, un ex-commis de monsieur et madame Thoré, maintenant propriétaire de leur ancienne maison de commerce.

« Ce monsieur Villon, ex-adorateur de mademoiselle Julie Thoré, a gardé pour madame de Monrion une sorte de culte passionné qui lui ferait faire les actes les plus extravagants pour empêcher son idole de devenir l'épouse d'un diplomate ruiné comme vous l'êtes, et à ce que je dois croire, plus amoureux de la fortune de madame de Monrion que de sa personne.

— Vous vous trompez, Léona ; si beaucoup d'amour peut tenir lieu de beaucoup d'argent, je ne connais personne qui ait plus de droits que moi à la main de la comtesse.

— Comment, repartit Léona d'un ton railleur, vous l'aimez à ce point, et c'est à moi que vous le dites...

— J'oubliais que vous la haïssiez mortellement pour le nom qu'elle porte et pour celui que vous portez. Mais qu'importe mon amour, quel qu'il soit : il faudra peut-être renoncer à tous mes projets...

— Avez-vous reçu de Paris des nouvelles trop pressantes ?

— Non, dit brusquement Brias.

— Serait-ce l'arrivée de Montéclain ?

— Non... Non, car, j'en suis sûr, Montéclain ne connaît pas la comtesse de Monrion.

— C'est vrai, mais il désire fort la connaître.

— Mais à quel propos?

— A propos de ce monsieur Villon dont je vous parlais tout-à-l'heure.

— Au fait, je l'avais oublié.

« Eh bien! qu'y a-t-il de commun entre ce Monsieur Villon et Montéclain?

— Le voici.

« Il y a quelques mois, j'étais au bal de l'Opéra, assise sur une banquette du foyer, lorsque quelqu'un vint prendre place près de moi : c'était Montéclain, qui, selon son habitude, s'ennuyait là comme partout.

« Nous sommes des ennemis trop sincères pour que j'essayasse de lui faire du mal au risque de le distraire. Je préférai le laisser à l'ennui de lui-même, et j'allais quitter la place, lorsque j'aperçus monsieur Villon. Je l'appelai, et le faïencier, qui, depuis une heure, promenait un regard quêteur et désolé sur tous ces visages de satin noir dont pas un ne se tournait vers lui, s'assit aussitôt près de moi.

« Il y a entre madame de Monrion et monsieur Villon des secrets...

— Que voulez-vous dire? s'écria vivement Brias, prétendez-vous calomnier la comtesse ?

— Vous avez raison, je me suis mal exprimée ; j'aurais dû dire qu'il y avait eu des secrets entre mademoiselle Thoré et M. Villon.

— D'une façon comme de l'autre, c'est une calomnie contre la vertu la plus chaste, l'âme la plus noble que j'aie jamais rencontrée.

— Et qui la première, reprit Léona, vous a sans doute fait comprendre le véritable amour.

— Elle m'a fait, du moins, comprendre l'amour qui respecte l'objet de son culte.

Léona fut prise tout-à-coup d'un violent accès de toux : elle venait d'entendre sortir un sourd gémissement de la voiture.

Brias s'arrêta, car ce bruit l'avait aussi frappé.

Mais Léona reprit aussitôt.

— Que voulez-vous, mon cher

Brias, chacun a ses distractions; vous avez oublié tout-à-l'heure ma haine pour madame de Monrion et vous m'avez avoué votre amour et votre admiration pour elle; cet amour et cette admiration, je les ai oubliés à mon tour pour laisser parler ma haine; nous sommes quittes...

« Du reste, voulez-vous en rester là ? vous ne me paraissez pas en état d'écouter un bon avis...

— Vous pourriez y arriver plus vite...

— Oui, si vous ne m'interrompiez pas...

— Je vous écoute...

— Je vous disais que j'avais appelé monsieur Villon et qu'il était entre monsieur de Montéclain et moi.

« J'usai alors de la liberté du masque pour dire tout ce que je savais au sujet du mariage de mademoiselle Julie Thoré, et je touchai si juste que le malheureux faïencier se mit dans la colère la plus furieuse et la plus ridicule.

« Il me menaça, je crois, et, comme je lui riais au nez, il alla jusqu'à interpeller Montéclain, et à lui demander s'il n'était pas permis à un galant homme de corriger une femme qui se permettait des propos indignes sur la plus chaste vertu, sur l'âme la plus noble...

« Oui, vraiment, je crois qu'il se servit des mêmes termes que vous, Brias. C'est un des priviléges de l'amour qu'inspire cette dame de faire dire les mêmes niaiseries à ses adorateurs.

« Malgré ses airs d'ennui, Montéclain nous avait attentivement écoutés.

« A l'interpellation de monsieur Villon ; il se contenta de hausser les épaules et de lui répondre avec la parfaite insolence dont il était doué :

« —Vous êtes un sot de vous occuper de tout cela. Est-ce que vous n'avez pas reconnu madame Léona Amab, autrefois madame de Cambure.

« A cette révélation, je crus que le faïencier allait me sauter à la gorge ; mais il se contint, et je le quittai en riant aux éclats, mais furieuse contre

Montéclain qui m'arrachait ma victime.

« Cependant, je ne les perdis pas de vue ; ils se mirent à causer ensemble.

« Je fis quelques tours de foyer, ils continuaient à parler du ton le plus animé. Je restai plus de deux heures dans une loge, et lorsque je repassai dans le foyer ils étaient encore l'un près de l'autre, sur la même banquette.

« Que de choses Montéclain a pu apprendre de madame de Monrion dans cet entretien. Vous le connaissez, vous savez avec quel art il arrive à ses fins...

— Lui, dit Brias; je le crois fort indifférent à toutes ces intrigues, et fort innocent des projets que vous lui prêtez.

— N'en parlons plus, fit Léona. Ah! vous croyez Montéclain un homme fort indifférent, fort innocent... Je le savais un esprit supérieur, mais je ne le croyais pas capable de persuader de sa nullité un diplomate de votre force.

— Tout cela est fort bien, dit Brias; mais quel rapport y a-t-il entre cette rencontre au bal de l'Opéra et la présence de Montéclain dans ce pays?

— C'est que Montéclain, qui ne dit rien à personne, qui ne connaît pas madame de Monrion, qui ne s'en occupe pas, a écrit à...

Léona fut interrompue par l'apparition de Montéclain, qui lui dit en souriant :

— Comment ! vous ouvrez mes lettres ? Madame.

Léona se remit avec une rapidité merveilleuse de la surprise, qu'elle avait éprouvée, et lui répondit :

— Non, Monsieur, non; mais si vous tenez à ce que vos correspondances restent aussi secrètes que vos pensées, il ne faudrait pas confier vos lettres à un domestique maladroit, qui, au lieu de remettre à madame Arnab la lettre où vous la remerciez de son invitation, lui donne une lettre destinée à la poste et adressée à M. Louis Villon.

— Et cette lettre, Madame ?

— Je n'en ai lu que l'adresse ; mais elle m'a suffi à apprendre que monsieur le marquis de Montéclain était en relations suivies avec monsieur Villon.

— Et qu'en concluez-vous, Madame ?

— Je vous laisse le soin de tirer vous-même cette conclusion, Messieurs; le but que je voulais est atteint : c'était de prévenir tous ceux qui m'écoutent des véritables desseins de chacun.

Aussitôt elle salua, et, ouvrant elle-même la portière de sa voiture, elle y monta rapidement et referma plus rapidement encore.

— Je le comprends, son but, dit Brias : c'est de perdre madame de Monrion.

— Brias ! s'écria Montéclain d'une

voix altérée, les yeux fixés sur la voiture qui s'éloignait.

— Ou bien, continua Brias, de nous faire couper la gorge.

— Brias ! dit encore Montéclain en lui montrant la voiture :

— A moins qu'elle ne veuille...

— Brias ! reprit Montéclain d'une voix terrible, Léona n'était pas seule dans sa voiture ; il y avait quelqu'un.

— Champmortain, peut-être, dit Brias effrayé.

— Non, c'était une femme.

— Une femme ? mais laquelle ?

— Madame de Champmortain ?

— Impossible, s'écria Brias en pâlissant.

— Je n'ai vu que son pied chaussé d'un brodequin de satin, et il n'y en a pas deux au monde d'aussi jolis et d'aussi menus, fussent-ce ceux de madame de Monrion, que je ne connais pas.

— Sylvie, Sylvie ! s'écriait Brias ; et elle a pu entendre ce que j'ai dit.

« Mais c'est impossible ; mais il y a à peine une heure que je l'ai quittée furieuse contre Léona.

— Quand je vous disais hier que cette femme méditait quelque infamie... vous avez ri.

— Non... non... non... ce ne peut être madame de Champmortain, reprit Brias. Comment ? par quel art ? par quelle surprise ?...

— Je ne sais !... mais j'en suis sûr. Brias, vous ne m'avez pas tout dit.

— Sur l'honneur ! je ne vous ai rien caché.

— Vous le croyez ; mais vous ne savez donc pas qu'avec ce serpent, auprès duquel celui de la Genèse n'est qu'un apprenti, chaque mot, chaque intonation est un danger. Comment vous a-t-elle proposé ce rendez-vous ?

— Mais tout simplement.

— Elle vous a donné cette heure et ce lieu tout d'abord

— Attendez que je me rappelle...

Non ; elle m'a offert le matin, puis midi, puis deux heures.

— Je comprends, dit Montéclain avec colère, vous avec accepté toutes ces heures excepté une ?

— C'est vrai.

— Et elle a dû vous promener par toute la forêt, jusqu'à quelque endroit que vous n'avez pas trouvé convenable ?

— C'est cela... Vous me faites trembler, Montéclain.

— Savez-vous les mathématiques, Brias ?

— Au diable la question ?

— Répondez-moi : Savez-vous

pourquoi la ligne droite est le plus court chemin d'un endroit à un autre?

— Parce que cela est, voilà tout, dit Brias en haussant les épaules; cela ne se prouve point.

— Erreur ! Brias; c'est un de ces principes dont on prouve la vérité en montrant l'absurdité de tous ceux qui les entourent.

« Quand un mathématicien a prouvé que toutes les lignes qu'on peut tracer à côté d'une ligne droite sont plus longues qu'elles, il lui reste acquis que celle-ci est la plus courte.

« Or, quand Léona a trouvé que toutes les heures de la journée et tous les endroits de la forêt vous étaient indifférents, excepté une certaine heure et un certain endroit, il lui a été mathématiquement acquis que vous aviez un rendez-vous à cette heure et à cet endroit. *Ergo :* elle était à votre rendez-vous avec madame de Champmortain.

— Mais, dans quel but?

— J'ignore ce que vous avez dit dans ce rendez-vous; mais ne savez-vous pas que Léona ne peut faire accepter ses vices dans le monde que sous la protection des fautes des autres femmes?

« Maintenant qu'elle a votre secret et celui de madame de Champmortain, comprenez-vous quelle fatale puissance elle a sur elle et sur vous?

— Heureusement, s'écria Brias avec une sincérité qui fit sourire Montéclain, heureusement que Sylvie est innocente; que jamais elle n'a oublié ses devoirs.

— Très bien, Brias, lui dit Montéclain; mais elle a été assez imprudente pour paraître tout-à-fait coupable; elle est assez timorée pour le croire, et Dieu sait ce que Léona peut faire d'une pareille circonstance et d'une pareille disposition d'esprit.

— Il faut que je la voie, s'écria vivement Brias.

— Le voudra-t-elle? le pourrez-vous?

— Que faire alors?

— Elle tient madame de Champmortain par vous... Il faut tenir Léona par Champmortain.

— Eh mon Dieu ! Sylvie sait la

vérité, et l'abandon de son mari lui est devenu indifférent.

— Sans doute; mais monsieur Amab ne le sait pas, et il est homme à tuer sa femme.

— Vous ne le connaissez pas, Montéclain : il tuerait Champmortain, mais il ne toucherait pas à Léona.

— Je crois que vous avez raison, dit Montéclain...

Mais, de par tous les diables, j'y songe... nous avons un auxiliaire impayable.

— Qui donc?

— Le colonel Thomas Rien.

— Comment cela?

— A cheval, Brias; il faut le voir avant qu'il n'aille ce soir chez Champmortain...

« Venez, je vous expliquerai cela en route.

RÉSULTAT.

## XII.

Champmortain, qui était allé faire sa visite accoutumée chez Léona pour avoir l'explication de sa froideur de la veille, venait de rentrer chez lui fort dépité de ne l'avoir point rencontrée.

Il apprit que sa femme n'était pas revenue, et il allait se rendre chez monsieur de Montaleu, lorsqu'il vit arriver la voiture de madame Amab. Il fut d'abord ravi que sa femme fût absente.

Champmortain croyait fermement que Sylvie avait envoyé à Léona l'invitation qu'il avait exigée. Mais il n'était pas sûr de l'accueil qu'elle ferait à madame Amab. Il y a mille manières d'être de la dernière impertinence avec la plus exacte politesse, et les femmes s'y entendent merveilleusement.

Il se félicitait donc en pensant que cette première visite se passerait entre Léona, monsieur et madame Rudesgens et lui-même.

Les prétentions conquérantes de monsieur de Rudesgens lui étaient un garant de son amabilité, et la terrible histoire, dont il avait menacé sa belle-mère, l'assurait du bon accueil qu'elle ferait à Léona.

Monsieur de Champmortain fut donc étrangement surpris de voir descendre de la voiture de Léona madame de Champmortain elle-même ; Sylvie était pâle et agitée ; Léona, calme et triste.

Ces dames semblaient dans les meilleurs termes.

En ce moment, il se passa quelque chose d'étrange et cependant de fort naturel dans l'esprit de monsieur de Champmortain.

Poussé par Léona, dont l'ambition était, avant tout, de se faire admettre dans un monde qui jusque-là lui avait fermé ses portes, il avait exigé et obtenu une invitation pour elle à la fête qui se donnait au château de monsieur de Rudesgens.

Assurément, après cette victoire, il eût été fort mécontent si l'accueil fait à Léona eût assez clairement démenti l'invitation pour la rendre comme non avenue, et cependant il fut encore plus mécontent en voyant l'espèce d'intimité soudaine établie entre Sylvie et madame Amab.

Le mari voulait à la vérité imposer sa maîtresse à sa femme, mais il allait encore moins à ce même mari que sa maîtresse devint l'amie de la maison.

Champmortain connaissait trop bien Léona pour ne pas savoir que ce ne pouvait être là une intimité convenable pour Sylvie.

Que madame Amab se trouvât dans son salon, au milieu de cent autres femmes et dans le tumulte d'une fête, c'était là un fait de peu d'importance, et qui ne devait pas, dans ses projets, avoir d'autre suite. Il se repentit un moment de son succès.

Avant que Champmortain fût descendu dans le salon, où se trouvaient monsieur et madame de Rudesgens, Sylvie avait présenté Léona à son père et à sa mère; elle avait raconté que, revenant à pied de chez monsieur de Montaleu, elle avait rencontré dans le bois madame Amab qui venait pour lui faire une visite, et que cette dame s'étant arrêtée, elle avait accepté une place dans sa voiture.

Sylvie ajouta qu'elle était ravie de cette rencontre, qui lui avait donné lieu de mieux connaître et de mieux apprécier une charmante voisine.

Pendant que Sylvie parlait ainsi, monsieur de Rudesgens, pris à l'improviste dans sa robe de chambre de calemande, se confondait en excuses et en salutations, et madame de Rudesgens se raidissait en révérences forcées, promenant un regard surpris et effaré de l'empressement de sa fille aux jubilations de monsieur de Rudesgens.

Champmortain entra dans le salon pendant que monsieur de Rudesgens s'esquivait pour aller réparer la désinvolture de sa toilette.

Jusqu'à ce moment, madame de Rudesgens n'avait fait que saluer et se pincer les lèvres, mais elle fut obligée au sourire le plus gracieux, lorsque Léona lui dit :

— En vérité, Madame, j'ai besoin que ce soit madame de Champmortain qui me dise qu'elle me présente à sa mère pour que je le croie. J'aurais pensé sans cela qu'elle avait une sœur.

— Il est vrai, Madame, que j'étais bien jeune quand j'ai épousé monsieur de Rudesgens, reprit la maman en minaudant.

Champmortain fut encore plus mécontent, il s'avança et salua Léona de l'air le plus froid et le plus cérémonieux.

Elle lui rendit son salut avec une modestie parfaite, et continuant de s'adresser à madame de Rudesgens, elle lui dit :

— Madame, permettez-moi de ne point faire de phrases cérémonieuses vis à vis d'une femme d'un esprit aussi élevé que le vôtre, et laissez-moi vous dire bien franchement combien j'ai été heureuse et flattée de l'invitation que vous avez bien voulu m'adresser ; car quoique cette invitation m'ait été faite au nom de madame de Champmortain, je dois croire qu'elle a été soumise à l'approbation de sa mère.

— Sans doute, Madame.

— Vous en doublez le prix, Madame, et vous me montrez, dès le premier moment, la vérité de ce qui m'a été dit cent fois, qu'il était impossible d'allier plus de grâce et de bienveillance à plus de supériorité et de vertu.

Champmortain fut très alarmé.

Il pensa que sa belle-mère allait comprendre que Léona se moquait d'elle; mais Champmortain ne savait pas encore combien est robuste la vanité humaine.

Ces flatteries à brûle-pourpoint,

et qui semblaient devoir renverser madame de Rudesgens, ne firent que la chatouiller agréablement. Elle sourit, minauda, et la conversation prit cette tournure vulgaire destinée à remplir une visite de dix minutes.

Léona se retira au bout de ce temps malgré les instances de madame de Rudesgens. Les dames l'avaient reconduite jusqu'à la porte du salon ; Champmortain voulut aller plus loin.

Léona l'arrêta en lui disant tout bas :

— A demain ! soyez prudent.

Lorsqu'elle fut sortie, Champmortain regarda sa femme : elle était plongée dans de profondes réflexions.

Il s'adressa à sa belle-mère :

— Eh bien ! Madame, vous avez vu cette terrible personne que vous refusiez de recevoir... Qu'en pensez-vous ?...

— C'est, je crois, une fort bonne femme, dont on a dit beaucoup de mal, comme de toutes celles qui ont le malheur d'être belles, ajouta madame de Rudesgens, en s'appliquant par un profond soupir la dernière partie de sa phrase.

— Elle passe pour avoir de l'esprit, dit Champmortain en souriant.

— De l'esprit, peut-être, fit madame de Rudesgens, mais je lui crois du tact, du jugement... des appréciations justes...

— Et surtout, dit Sylvie d'un ton convaincu, des idées d'un ordre peu commun... c'est une femme extraordinaire.

— Avez-vous donc pu en juger en

si peu d'instants? reprit Champmortain.

— Nous sommes restées plus d'une heure ensemble.

— Et que vous a-t-elle dit?

Sylvie regarda son mari d'un air plein de sarcasme, et lui répondit en quittant le salon :

— Vous seriez peut-être embarrassé, si je vous répétais ses confidences.

Champmortain ne sut que dire, et sa belle-mère allait probablement lui demander l'explication de cette phrase, lorsque monsieur de Rudesgens entra radieux en se frottant les mains et en se balançant de l'air le plus débauché.

— Vous venez trop tard, lui dit madame de Rudesgens; la colombe est envolée...

— Bah! fit monsieur de Rudesgens en riant, très bien! très bien!

— Vous le prenez bien gaîment, Monsieur.

— Eh! mais je n'ai pas lieu d'être triste.

— Vous êtes un vieux fou... lui dit en haussant les épaules madame de Rudesgens. Du reste, madame Amab n'est pas ce que vous pensez... c'est une femme de mérite, d'esprit...

— Je le crois...

— Et toutes vos galanteries n'arriveront qu'à vous rendre ridicule.

— Je vous prie de le croire, dit monsieur de Rudesgens en saluant ironiquement sa femme qui sortit.

Et tout aussitôt il se tourna vers Champmortain en s'écriant :

— Ah ! Champmortain, le tour est excellent ! J'avais été surpris en négligé, j'avais couru m'habiller et j'allais rentrer dans le salon, quand j'ai entendu les salutations d'adieu.

« Vous ouvriez la porte du salon, je

me suis jeté légèrement de côté, et à peine la porte était-elle refermée, que je me suis présenté aux regards de madame Amab.

« Je dois l'avouer, Champmortain, j'ai été mal pour vous. Je lui ai dit, je crois, que je lui demandais la permission de réparer l'incivilité de mon gendre, en lui offrant la main jusqu'à sa voiture; et quand elle a eu posé sa main dans la mienne, j'ai ma foi ajouté qu'il fallait être le dernier des maladroits pour céder une si belle main à qui que ce soit...

« J'ai encore dit deux ou trois mots

charmants, et Dieu me damne ! je crois que je lui ai serré la main... car elle a rougi.

— Elle en est capable, dit Champmortain avec humeur.

— Décidément, mon cher, elle est délicieuse; mais je vous laisse... Je veux être discret.

A ces mots, monsieur de Rudesgens tourna sur ses talons et alla promener son triomphe dans le parc.

— Ah ça ! se dit Champmortain, elle les a tous ensorcelés.

Et il se retira plus mécontent que jamais du succès de Léona, après avoir été lui-même au-delà de toutes les convenances pour obtenir qu'on voulût bien la recevoir.

Maintenant nous allons abandonner ce récit pour faire connaître à nos lecteurs quelques lettres écrites par plusieurs des personnages de cette histoire.

LETTRE DU COLONEL THOMAS RIEN A
MADAME MU' ER, A COLOGNE.

« 20 mai.

« Ma mère,

« Je vous ai déjà écrit hier, et je
« vous ai dit comment j'étais arrivé
« dans ce pays. Je vous ai nommé

« tous ceux que j'y avais rencontrés
« et ce que j'avais appris d'eux.

« Je n'ai point vu monsieur de
« Montaleu ni la fameuse madame
« de Monrion.

« Je comptais les rencontrer chez
« monsieur de Champmortain, chez
« qui je suis allé hier passer la
« soirée. Mais ils ne sont pas
« venus.

« J'avais eu le matin la visite de
« Montéclain et de Brias, visite qui
« m'a fort étonné, et vous allez le
« comprendre.

« Après quelques paroles fort in-

« signifiantes, Montéclain s'est écrié
« tout-à-coup :

« — Colonel, vous souvenez-vous
« de l'embuscade de Cherchell?

« — Oui, pardieu ! lui dis-je; et
« sans vous qui, de la pomme d'or de
« votre cravache, avez fendu la tête à
« l'Arabe qui me tenait au bout de
« son pistolet, probablement je fai-
« sais ma dernière campagne.

« — C'est cela, colonel, et vous
« vous rappelez qu'en ce moment
« vous m'avez dit en vous élançant
« au plus fort de la mêlée:

« — Mon tour viendra, j'espère.

« — Puisque vous me rappelez cela, dis-je à Montéclain, c'est que mon tour est venu.

« — Vous avez deviné.

« — De quoi s'agit-il?

« — D'une chose fort importante et dont le secret doit mourir ici.

« — J'attends.

« — Il s'agit de prier madame Amab de se taire sur ce qu'elle a vu et entendu hier.

« Vous devez comprendre mon étonnement à ces paroles.

« — Je ne connais point madame Amab, lui dis-je.

« — Je le crois.

« — Je l'ai vue hier pour la pre-
« mière fois...

« — Je le crois.

« Mais je regarderai comme un
« service éminent l'empressement que
« vous mettrez à lui adresser cette
« prière en votre nom, et surtout
« sans lui dire qu'elle vous a été sug-
« gérée par moi ou par Brias.

« — Mais quelle autorité voulez-
« vous qu'ait sur madame Amab la
« prière d'un étranger?

« — Colonel, me répondit Mon-
« téclain, je ne discute point jusqu'où

« peut aller cette autorité; mais j'y
« compte.

« — Monsieur de Montéclain, lui
« dis-je alors, ceci devient une plai-
« santerie que je pourrais trouver de
« mauvais goût...

« Je vous répète que je ne connais
« pas madame Amab, et que vous
« voulez me faire jouer vis-à-vis d'elle
« un rôle fort déplacé.

« — Colonel, me répondit Monté-
« clain avec son air sardonique, vous
« ne vous imaginez pas tout ce que
« vous pouvez; de même qu'avant
« l'embuscade de Cherchell, je ne

« m'imaginais pas, moi, que je pusse
« sauver la vie d'un homme avec un
« coup de cravache. J'assénai le coup
« rudement... Voilà tout.

« Eh bien ! dites rudement, s'il le
« faut à madame Amab, que vous ne
« voulez pas qu'elle parle de ce qu'elle
« a vu et entendu hier, et je vous jure
« que vous réussirez comme j'ai
« réussi.

« — S'il ne s'agissait d'acquitter
« une dette, dis-je à Montéclain, je
« considérerais ceci tout autrement;
« mais vous me sommez de ma pa-

« role ; soit : service pour service, je
« ferai ce que vous voudrez.

« — Merci, colonel, me dit Mon-
« téclain, nous serons quittes, et alors
« nous pourrons marcher chacun à
« notre but sans crainte, ni mé-
« nagements.

« Que veut dire ceci, ma mère ?

« Cet homme me connaît donc ? Il
« sait peut-être qui je suis... du
« moins il connaît mes relations avec
« Léona...

« Que dis-je mes relations, je ne
« mentais pas lorsque je disais que je

« ne connaissais point madame
« Amab, que c'était la première fois
« que je la voyais... il sait donc autre
« chose, il sait donc le lien mysté-
« rieux qui nous unit et qui nous en-
« chaîne à la même vengeance.

« Aussitôt il s'éloigna avec Brias qui
« pendant tout ce temps, m'avait exa-
« miné comme une bête curieuse qu'il
« n'avait pas encore vue.

« Le jour de ma présentation chez
« Léona, nous avons évité d'échanger
« entre nous une seule parole en de-
« hors de la conversation générale ;
« j'avais remis à quelques jours à lui

« faire ma visite, pour que rien n'é-
« veillât les soupçons.

« Je ne pus résister à l'inquiétude
« que m'avaient causée les paroles de
« Montéclain, je courus chez Léona...

« Elle rentrait, son mari était dans
« le salon et ne nous laissa seuls que
« durant quelques minutes. J'en pro-
« profitai pour dire à Léona ce que
« m'avait demandé Montéclain.

« Elle m'expliqua à quoi s'appli-
« quait cette recommandation, puis
« revenant à ce que j'attendais
« d'elle :

« —Cela vient-il de vous, Thomas,
« me fit-elle.

« — Qu'importe, lui dis-je, il le
« faut. C'est une dette que je
paie.

« — Elle n'eut pas de peine à de-
« viner qui m'avait poussé à cette dé-
« marche et elle me répondit :

« — Eh bien donc! je me tai-
rai...

« Mais vous pouvez dire de ma
« part à Montéclain que c'est un
« niais, je n'avais aucune envie de
« me servir du secret de madame de
« Champmortain ni contre elle, ni
« contre Brias. J'en ai tiré tout ce que
« je voulais.

« — Quand vous reverrai-je? lui
« dis-je.

« — A la fête de madame de
« Champmortain.

« Son mari rentra, je me retirai.

« Le soir venu, j'allai voir les
« Rudesgens, et je compris ce que
« Léona n'avait pas eu le temps de
« m'expliquer. Elle a fait de ma-
« dame de Champmortain une enne-
« mie implacable de cette madame
« de Monrion, dont le nom remplit
« ici toutes les bouches.

« Madame de Champmortain n'a
« pas dit un seul mot contre elle ;
« mais comme monsieur de Ru-

« des gens venait de se répandre en
« louanges sur madame de Monrion,
« et qu'il en appelait au témoignage
« de sa fille, celle-si c'est tourné vers
« Brias et lui a dit :

« C'est à vous de dire si cet éloge
« est mérité; car je crois que vous
« la connaissez plus particulière-
« ment qu'aucun de nous.

« Il y avait dans ces paroles,
« prononcées d'une voix légère et
« avec un charmant sourire, un fond
« de rage indicible.

« Brias a balbutié comme un
« sot.

« Quant à Montéclain, à qui j'ai

« dit que j'avais fait ce qu'il m'avait
« demandé, il a été d'un ridicule
« sublime. Il a fait la cour à madame
« de Rudesgens avec une constance
« et un air de bonne foi qui faisaient
« pâmer la vieille en regards in-
« croyables et en soupirs de l'autre
« monde.

« Puis ils s'est amusé à taquiner
« monsieur de Rudesgens et à lui
« faire raconter ses bonnes fortunes,
« ce qui a amené entre le vieux mar-
« quis et sa femme une furieuse que-
« relle dont il a ri comme un fou.

« Brias avait l'air d'un enfant en

« pénitence ; Champmortain s'en-
« nuyait et paraissait inquiet ; sa
« femme dévorait dans un morne
« silence sa jalousie et sa colère. Il
« n'y avait que Montéclain dont l'es-
« prit parût libre de tout souci.

« Quel est cet homme ? que veut-il ?
« où va-t-il ? Je croyais le connaître,
« parce que je savais ce que le monde
« en dit.

« Je voudrais interroger Léona à
« son sujet. Il faut attendre jusqu'à
« après-demain. Je le ferai.

« Je n'oublierai pas que vous

« m'avez recommandé de me laisser
« guider par elle. Je sais la tendresse
« que vous lui portez, et je ne veux
« rien vous en dire qui puisse vous
« blesser...

« Mais j'aurais voulu que celle
« dont vous avez élevé l'enfance eût
« mieux profité des conseils qu'a dû
« lui donner votre expérience et
« votre vertu. Mais je ne l'accuse ni
« ne la juge. Elle a eu à souffrir de la
« pauvreté et du mépris, elle se
« venge.... N'est-ce pas aussi mon
« but ?

« Je vous manderai ce qu'elle me
« dira de Montéclain...

« Elle doit le connaître. Ils sont en
« présence comme deux ennemis qui,
« sachant ce qu'ils valent l'un l'autre,
« craignent de s'attaquer.

« Nous verrons.

« Je ne puis vous répéter que ce
« qu'on m'avait dit de madame de
« Rudesgens.

« Cette femme a oublié son passé,
« et sans les preuves écrites que pos-
« sède Léona, jamais on ne l'amènera
« à un aveu. Du reste, elle me paraît
« de bonne foi dans son hypocrisie.
« Elle a raison ; sa fidélité à monsieur

« de Rudesgens peut lui compter
« comme une vertu capable d'effacer
« tous les accidents possibles de sa
« jeunesse.

« Mais je reviens à ma visite.

« Pour vous dire tout ce qui s'est
« passé hier soir, je dois ajouter
« qu'après mille détours, et pendant
« que Montéclain tenait à lui l'at-
« tention de tout le monde, Brias s'est
« approché de madame de Champ-
« mortain et lui a adressé quelques
« paroles de la voix la plus sup-
« pliante.

« — Je crois, lui a-t-elle répondu

« sèchement, que je deviens sourde ;
« veuillez parler plus haut ; je ne
« vous entends pas.

« L'imprudent Brias a murmuré
« avec désespoir le nom de Sylvie,
« que j'ai pu saisir.

« — Vous avez raison, a-t-elle dit
« en se levant : c'est l'heure de pren-
« dre le thé.

« Alors Brias, dépité, a voulu
« jouer l'indifférent ; il s'est mis à
« parler à tort et à travers, en disant
« les plus énormes folies. Madame

« de Champmortain eut la cruauté
« d'en rire avec nous.

« Le pauvre Brias n'y a pas ré-
« sisté, et il est tombé dans le
« marasme.

« Vers onze heures et demie nous
« nous retirâmes, et je quittai ces
« messieurs à la porte du château.
« Montéclain n'avait pas cessé d'être
« d'une gaîté folle, et je l'entendis
« rire encore lorsque j'étais loin
« d'eux.

« Voilà où j'en suis.

« Après-demain je verrai sans
« doute monsieur de Montaleu à la

« fête qui se prépare. Je l'obser-
« verai avant d'en arriver à la ter-
« rible explication qui doit avoir
« lieu entre nous.

« Je ne l'ai vu que dans cet en-
« tretien d'une heure que j'eus
« avec lui, il y a quinze ans, et
« qui décida de ma destinée. Il
« m'apparut alors comme un modèle
« d'ingratitude et de dureté...

« Cependant il passe pour un
« homme d'honneur et de probité
« sous tous les rapports... Ce n'est
« qu'un masque sans doute, et je
« dois le croire... Soyez tranquille,

« ma mère, je le lui arracherai.

« Tout à vous, et toujours.

« Votre fils,

Thomas. »

ARTHUR DE MONTÉCLAIN
A M. LOUIS VILLON.

# XIII.

« 23 mai.

« Je vous l'ai dit, mon cher ami,
« l'horizon était chargé de lourdes
« vapeurs : de pâles éclairs les sillon-
« naient furtivement, de sourds mur-

« mures frémissaient dans l'air; nous
« vivions dans une atmosphère élec-
« trique, les nerfs tendus, la respira-
« tion haletante; tout annonçait l'o-
« rage, et l'orage a éclaté.

« Ça été par une soirée splen-
« dide.

« Le château de Rudesgens étince-
« lait de bougies, les fleurs abon-
« daient, les parquets luisants étaient
« de vrais casse-cous; les damas et
« les satins avaient été dépouillés de
« leur camisole de bazin, on avait
« fait venir des livrées neuves de
« Paris; les argenteries massives de

« Radesgens miroitaient d'un éclat
« terne à côté des étincelantes or-
« fèvreries de Champmortain.

« Le beau-père était merveilleuse-
« ment vêtu : habit bleu à boutons
« d'or, pantalon noir, bas de soie
« blancs, souliers vernis, gilet blanc
« et cravate noire à col rabattu. Il
« avait l'air d'un jeune lycéen qui a
« dépouillé l'uniforme pour son pre-
« mier costume de bal.

« La belle-mère, surexcitée par la
« furieuse élégance de son mari, avait
« déployé une robe de satin rose re-

« troussée de marabouts attachés par
« des agrafes de diamants.

« Cette robe, outrageusement dé-
« colletée, permettait à deux rivières
« de diamants de se promener par
« sauts et par bonds sur les protu-
« bérances rocheuses et dans les pro-
« fondes vallées de ses longues
« épaules et de sa raide poitrine.

« Le tout était surmonté d'une au-
« réole de marabouts judicieusement
« plantée dans des épis, toujours de
« diamants, ce qui faisait ressembler
« volontiers madame de Rudesgens à
« l'un de ces vastes éventails montés
« sur un manche de pierres pré-

« cieuses, et dont se servent les escla-
« ves de l'Inde pour agiter l'air au-
« tour de quelque rajha indolent.

« Champmortain eût été fort bien
« s'il n'avait eu la prétention de faire
« croire qu'il a sa taille de vingt-cinq
« ans... L'abdomen horriblement san-
« glé en paraissait d'autant plus res-
« pectable.

« Quant à madame de Champ-
« mortain, elle était belle comme une
« femme qui a le bonheur de l'être,
« qui veut l'être et qui sait l'être. Elle
« s'était contentée d'une robe blanche
« de mousseline de l'Inde, avec une
« demi-douzaine de fleurs naturelles

« artistement semées dans ses che-
« veux.

« Ce peu de parure était si bien
« ajusté, si bien venu, si librement
« porté, que je ne serais pas éloigné
« de penser que Léona eût passé par
« cette toilette, comme elle a passé
« par ce cœur, car l'infortunée Sylvie
« paraissait heureuse et gaie.

« C'est que Léona est un terrible
« maître, et Champmortain pourra
« bien payer les frais d'éducation de
« sa femme.

« J'étais assez curieux de voir toutes

« les entrées ; je suis arrivé d'assez
« bonne heure pour n'être précédé
« que par une trentaine d'invités, qui,
« venus de cinq à six lieues à la ronde,
« s'étaient imaginés sans doute qu'ils
« n'arriveraient jamais assez tôt.

« J'ai eu à subir quelques souvenirs
« du passé : j'ai retrouvé là d'anciens
« amis de mon père qui m'avaient vu
« naître, et qui m'ont raconté les
« maussades gentillesses de mes pre-
« miers ans ; j'ai trouvé là aussi des
« petites filles que j'avais fait danser
« sur mes genoux il y a quelque quinze
« ans, et qui sont devenues de gaillar-

« des demoiselles très en appétit de
« mariage, *maturæ viro*, comme dit
« le latin. Cela m'a horriblement
« vieilli.

« J'ai trente-deux ans, mon cher
« Villon, et je ne suis rien, et cela
« grâce à ce vieux sauvage de Monta-
« leu, qui rachète en morale prêchée
« l'immoralité pratique de sa jeu-
« nesse, qui fait de l'enthousiasme
« pour la vertu et de la sévérité pour
« le vice, après avoir chaudement
« cultivé le vice et écorné les angles
« aigus de la vertu; comédien vul-
« gaire dont les folies de jeunesse

« avaient été assez lestement trous-
« sées pour ne pas croire qu'elles fi-
« niraient en capucinades.

« Mais vous avez pour lui l'estime
« la plus profonde ; il est le ciel pro-
« tecteur de l'étoile vers laquelle ten-
« dent sans cesse les rayons de vos
« yeux. Je vous ai promis de le respec-
« ter, et surtout de veiller sur votre
« étoile.

« J'abandonne donc ma haine lé-
« gitime et je continue mon récit.

« Je m'arrachai aux souvenirs des
« pères et aux espérances des petites

« filles, et je me cachai dans l'angle
« d'une croisée et derrière un vaste
« rideau. De cette façon je planais
« sur la cour où défilaient les voitu-
« res des invités, et j'espionnais dans
« le salon.

« Durant une heure je n'eus d'au-
« tre distraction que de voir débar-
« quer les toilettes les plus outre-
« cuidantes sortant des véhicules les
« plus extravagants.

« Toutes les carrioles, toutes les
« guimbardes du pays avaient été mi-
« ses en réquisition, de même que les
« chevaux de labour et ceux des mou-

« lins environnants. Je ne vous parle-
« rai pas des calèches dont les sou-
« pentes étaient restaurées à force de
« cordes, et dont les glaces absentes
« étaient remplacées par des pans de
« rideaux de couleurs diverses.

« Je passe sous silence deux caisses
« de cabriolet assujéties sur des trains
« de berline ; je ne m'arrête point sur
« deux coupés, dont la partie supé-
« rieure avait été remplacée par une
« tente en coutil.

« Tous ces ingénieux subterfuges de
« l'industrie nivernoise m'étaient con-
» nus, et eussent fatigué mon imagi-

« nation, si je n'avais été récompensé
« de mon attention par l'arrivée d'un
« fort beau gaillard empaqueté dans
« un sarreau de toile grise, dans un
« pantalon à pied de toile grise, et le
« chef couvert d'une casquette de toile
« grise. Ce paquet gris et crotté était
« monté sur un long cheval; il en a
« jeté les rênes à un petit drôle en
« haillons qui l'a suivi dans le coin de
« la cour.

« Là, et en un tour de main, il a
« dépouillé le pantalon, le sarreau, la
« casquette, et est sorti de son enve-
« loppe grise, pimpant, leste, blanc,
« propre, brossé, comme un marié; il

« a secoué sa chevelure dont il avait
« comprimé la frisure sous sa cas-
« quette, pour ne pas l'abandonner
« aux coups de vent de sa course ra-
« pide; il a tiré de sa poche des gants
« jaunes, il a fait descendre jusqu'à la
« main le chapeau Gibus qu'il avait
« glissé dans le dos de son habit, et il a
« monté le perron d'un air beaucoup
« plus dandy que Brias, qui venait de
« descendre de son coupé, la tête basse
« et le front de mauvaise humeur.

« Brias, qui ne manque pas d'es-
« prit, n'a pas le moindre tact.

« Dans la position où il est, on peut
« être tranquille, on peut être déses-

« péré, on peut être ravi, mais on n'est
« pas de mauvaise humeur; cela est
« trop naturel.

« Madame de Champmortain vaut
« bien la peine qu'il joue une petite
« comédie pour elle. Brias prétend
« qu'elle n'y croirait pas. Tant mieux,
« les femmes vous savent toujours
« quelque gré du mal qu'on se donne
« pour les tromper.

« J'épiai l'entrée de Brias dans le
« salon : il fut reçu, comme tout le
« monde, par Sylvie. Il en pâlit. Elle
« a dû avoir un véritable moment de
« bonheur.

« Il chercha quelqu'un des yeux,
« et tomba sur le seigneur Annibal
« de Rudesgens, qui l'entraîna de
« mon côté pour lui parler de la belle
« madame Amab.

« Je repris mon observation exté-
« rieure au bruit foudroyant que fai-
« sait une énorme diligence avec
« coupé, intérieur, rotonde, impé-
« riale, banquette, etc., le tout traîné
« par six chevaux de poste. Il en des-
« cendit un tout petit jeune homme
« qui cria ses ordres aux postillons de
« la voix la plus discordante.

« Je le reconnus pour le fils d'un

« apothicaire qui a heureusement
« appliqué la manique au métier de
« monsieur Fleurant, et qui est le
« principal actionnaire d'une entre-
« prise de messageries.

« Il continuait à jeter ses ordres
« aux automédons de monsieur son
« père, lorsqu'il fut rasé comme une
« borne par un délicieux équipage
« qui coupa tous les autres avec cette
« rapidité insolente qui n'appartient
« qu'à des chevaux de prix et à des
« laquais de parvenu ou de femme
« douteuse.

« Le double droit du laquais à

« cette impertinence était justifié :
« c'était l'équipage de monsieur et
« madame Amab.

« L'entrée de la Léona dans le sa-
« lon fut excellente : elle était belle,
« elle était calme, elle était modeste ;
« elle se montra heureuse et embar-
« rassée de l'accueil transcendant
« qu'on lui faisait; elle accepta en
« baissant les yeux la place réservée
« que madame de Champmortain lui
« offrit près d'elle.

« Le vieux Rudesgens trépignait
« d'aise; elle eut l'air de le décou-
« vrir d'un regard et de le saluer

« avec une finesse qui semblait rap-
« peler une rencontre passée.

« Brias qui n'avait pu se décrocher
« des confidences de l'antique Cupi-
« don, fut obligé de s'incliner devant
« ce salut adroitement partagé. C'é-
« tait une lâcheté de le faire, c'était
« surtout une sottise de le faire dis-
« gracieusement.

« Je n'avais plus d'yeux que pour
« Léona, et je suivais avec une ex-
« trême attention ses regards qu'elle
« promenait timidement et autour
« d'elle.

« Cela me mena à découvrir à
« l'angle d'une porte le majuscule
« Hector de Montaleu, bridé dans
« une cravate de satin blanc épin-
« glée de diamants : il était abomi-
« nable. Quand on rencontre ce vaste
« individu, avec ses longues guêtres
« de cuir, sa veste de velours, sa
« casquette fauve, son fouet, sa gi-
« becière et tout son attirail de
« chiens, il a une sorte de beauté
« forestière qui vous fait croire qu'a-
« vec un peu de tenue cela ferait en-
« core un beau cavalier dans un sa-
« lon.

« Mais l'habit le dépoétise. Il était

« à peindre pour une enseigne du
« Bœuf à la Mode.

« Il n'en est pas de même du
« colonel Thomas Rien, qui était à
« deux pas de lui : sa haute et fine
« taille était admirablement dessinée
« par un habit noir exactement bou-
« tonné jusqu'à sa cravate blanche
« sur laquelle se dessinait un étroit
« liseré de son ruban de comman-
« deur.

« Puisque vous prétendez le sa-
« voir, mon cher Villon, je ne veux
« pas vous contredire.

« Je veux bien que le colonel
« Thomas soit le fils d'une bonne

« Allemande à moitié illuminée, c'est-
» à-dire aux trois quarts folle, et qui
« vit retirée dans un couvent de Co-
« logne.

« Que cette excellente madame
« Muller, qui est aussi la marraine
« de Léona, soit la mère dudit colo-
« nel, je n'y contredis point ; mais,
« de par tous les diables ou de par
« tous les saints, il y a du sang de
« pure race dans cet homme : il a le
« nez arqué de l'aigle et a une grâce
« incroyable dans les lèvres ; et lors-
« qu'il abrite, sous ses blonds et
« épais sourcils, son œil fauve et

« bleu, il en sort des tonnerres et des
« éclairs.

« Il y a du Jupiter dans la nais-
« sance de ce garçon-là, et feu
« monsieur Muller, qui n'a jamais
« existé, vous pouvez m'en croire,
« est un Amphitryon imaginaire,
« je vous l'atteste; je dis mieux, j'en
« suis sûr, et je vous dirai un jour
« le nom auquel a droit celui qui a
« choisi ce nom de Rien comme un
« défi jeté à la fortune.

« Quoi qu'il en soit, l'assemblée
« était déjà devenue assez nom-

« breuse pour que l'on commençât
« à être mal à l'aise dans le grand
« salon.

« Madame de Champmortain,
« avec une affectation incroyable,
« y entassait, cependant, femmes
« sur femmes, au mépris des toi-
« lettes les plus exquises; l'orchestre
« avait déjà grincé quatre ou cinq
« préludes; mais madame de Champ-
« mortain n'y voulait rien entendre,
« et, au lieu de donner le signal,
« elle venait reprendre sa place
« au près de madame Amab, qu'elle
« comblait de la façon la plus
« ridicule...

« A propos, j'oubliais monsieur
« Amab : il était tombé en partage
« à Champmortain, qui s'en dépêtra
« sur Montaleu, qui le planta là
« tout net...

« Il était dans un des salons se-
« condaires, lorsque tout-à-coup
« la porte se désemcombre, et je vois
« entrer une fée.

« Villon, mon ami, vous m'avez
« dit un jour :

« Je l'aimerai toute ma vie sans
« espoir, car maintenant la distance
« qui nous sépare est infranchissa-

« ble ; mais s'il arrivait qu'il fallût
« donner ma fortune et ma vie pour
« lui sauver un chagrin, je ne croi-
« rais pas avoir tout-à-fait perdu
« mon temps sur cette terre. »

« Vous m'avez dit cela, et sachant qu'elle devait venir dans ce pays où je suis venu, vous avez ajouté :

« Veillez sur elle, protégez-la, et
« si quelque danger la menaçait,
« avertissez-moi, et je serai près
« d'elle pour la sauver. »

« Vous m'avez dit tout cela, Villon; et quoiqu'il y ait entre moi et *elle* un secret que vous savez et qu'elle ignore, un secret qui m'a fort prévenu en sa faveur, je l'avoue, si je ne vous ai pas ri au nez, c'est que j'ai pitié des fous.

« Eh bien ! Villon, s'il y a un fou entre nous deux, ce n'est pas vous, c'est moi.

« Je l'ai vue, Villon, belle, candide, majestueuse, naïve, pure image des anges par sa beauté, et vêtue comme une duchesse.

Quand les rayons de ses yeux ont fait pâlir toutes les bougies pour inonder le salon d'une lumière céleste, quand j'ai vu frémir ses lèvres purpurines, rose qui sourit et qui parle, quand j'ai aperçu cette blanche épaule, ces bras aux contours amoureux et dont nul ne connaît l'étreinte; cette main d'enfant, cette taille qui doit plier et bondir comme une épée d'acier... Villon, Villon, je suis demeuré ébloui, anéanti, confus.

« Je me suis mépris... et je vous

ai trouvé bien insolent. Quoi! vous l'aimez, Villon? Sur mon âme, je ne l'oserais pas.

« Non, de par toutes les belles dames que j'ai honorées de mes hommages, je ne l'aimerai pas.

« Mais si je l'aimais cette femme, je me ferais son esclave, son laquais, je l'adorerais à deux genoux sur des pointes d'acier, je voudrais la poser sur un trône, sur un autel, ou plutôt, je l'enfermerais dans un donjon, je monterais la garde à sa porte, je la maltraiterais, je la tuerais si je la croyais capable d'avoir un regard pour un autre que moi.

« Non, rassurez-vous, Villon, je ne l'aimerai pas, je n'ai aucune envie de devenir stupide et ridicule.

« Ce n'est pas certes que je veuille dire cela de vous. Votre nature peut supporter de pareils amours, tant mieux.

« Quant à moi, je suis trop colère et trop impérieux pour accepter un pareil pouvoir. Je suis surtout trop égoïste. Si j'aimais votre étoile, votre sainte vierge, votre Julie, je ne m'appartiendrais plus.

« Car enfin il faut en finir avec toutes ces métaphores indigentes, qui ne disent rien de ce que j'ai éprouvé...

« C'était Julie, c'était la comtesse
« de Monrion. L'auréole lumineuse
« qui l'entourait était si éblouis-
« sante que j'y pus à peine distin-
« guer la figure de monsieur de Mon-
« taleu qui lui donnait le bras. Cet
« exécrable vieillard a pu passer sous
« mes yeux sans m'agacer de l'en-
« vie de lui briser la tête, grâce à la
« protection de cette blanche fille
« mariée.

« C'est une véritable fée.

« Vous vous demanderez comment
« j'ai pu voir tant de choses, décou-
« vrir tant de perfections dans le
« court espace de temps qu'une
« femme met à entrer dans un sa-
« lon. C'est que ce court espace de
« temps a été prolongé de la façon
« la plus insultante.

« Madame de Monrion, arrivée à
« l'entrée de ces deux demi-cercles
« de femmes qui la dévoraient des
« yeux, chercha du regard la maî-
« tresse de la maison. Celle-ci était
« près de Léona, et trop maladroite-

« ment penchée vers elle pour qu'il
« ne fût pas évident qu'elle ne vou-
« lait point voir madame de Mon-
« rion.

« Julie finit par apercevoir madame
« de Champmortain, et s'avança
« vers elle.

« Monsieur de Montaleu l'arrêta en
« reconnaissant Léona. Il espérait
« sans doute que madame de Champ-
« mortain en les apercevant et en
« venant au-devant d'eux, leur épar-
« gnerait le déplaisir de se trouver
« face à face avec madame Amab.

« Madame de Champmortain fut
« implacable; elle s'obstina à rester
« attentivement penchée vers Léona
« et à ne point voir ni monsieur de
« Montaleu, ni madame de Mon-
« rion.

« Cependant ce petit temps d'arrêt,
« au milieu du vide que faisaient
« deux grands arcs de fauteuils
« hérissés de femmes, cette hésita-
« tion avait été remarquée. Madame
« de Monrion resta calme, mais
« monsieur de Montaleu, retrous-
« sant sa cravate, fit un pas pour
« se retirer.

« Quelques voix discrètes appelè-
« rent madame de Champmortain,
« comme pour l'éveiller de l'attention
« trop profonde qu'elle prêtait à
« Léona; sa voisine même la poussa
« du coude : elle resta impassible.

« Cela allait devenir tout-à-fait
« scandaleux, lorsque monsieur de
« Rudesgens, soit qu'il devinât l'in-
« tention incroyable de sa fille, soit
« qu'il crut à une distraction réelle,
« traversa vivement le salon, prit
« la main de Julie et la conduisit
« près de madame de Champmor-
« tain, en disant assez haut :

« — Ma fille, voilà madame de
« Monrion qui vous attend depuis
« trop longtemps.

« Le vieil Amadis, avec ses ridi-
« cules prétentions, a eu plus d'esprit
« et de savoir-vivre que ce butor

« de Champmortain, qui voyait tout
« cela et qui crevait dans son pan-
« talon en essuyant d'une main
« tremblante la sueur pâle et froide
« qui l'inondait.

« Madame de Champmortain ainsi
« interpelée se retourna négligem-
« ment, se leva le plus lentement
« qu'elle put, salua le moins possible,
« et jetant un regard distrait autour
« d'elle, chanta d'une voix traînante
« l'accueil suivant :

« — Comment venez-vous si tard,
« Madame?

« Nous n'avons plus de place dans
« le grand salon; il faut absolument

« que je vous cache dans ce petit coin
« là-bas.

« Elle prit le bras de Julie et la
« conduisit jusqu'à la porte, où elle
« rencontra sa mère qu'elle chargea
« du soin de placer la comtesse dans
« un premier salon où il n'y avait en-
« core que des hommes.

« Monsieur de Rudesgens s'était
« emparé de monsieur de Montaleu,
« qui ne vit point ce dernier trait
« d'impertinence.

« Il y avait autour de ce salon
« plusieurs figures plus ou moins af-
« fectées de cette scène : d'abord,
« comme je vous l'ai dit, Champ-

« mortain, qui suait et crevait ses
« gants, tant il serrait les poings;
« Brias ensuite, qui avait l'air
« ahuri et hébété d'un homme ivre;
« puis monsieur Amab, dont la pâ-
« leur avait tourné au vert, et dont
« j'entrevoyais la tête sous le bras
« d'Hector de Montaleu, dont le vi-
« sage pourpre s'allumait de convoi-
« tise, pour la belle Julie, sur sa
« cravate blanche.

« Quant au colonel Thomas Rien,
« il semblait qu'il n'eût que des yeux
« dans le visage, tant il les ouvrait
« d'une façon foudroyante pour

« contempler la belle des belles.

« Léona est toujours un grand maî-
« tre dans les petites choses ; elle
« avait considéré madame de Monrion
« avec un sourire charmé, et s'était
« retournée vers son autre voisine
« pour lui dire d'une voix flûtée :

« — Voilà une bien belle per-
« sonne.

SUITE.

## XIV.

« Les voitures se pressaient dans
« la cour, mais tout mon monde
« était arrivé, et je sortis de derrière
« mon rideau au moment où le re-

« gard quêteur de Léona semblait
« chercher quelqu'un.

« J'allai droit à elle et je lui dis.

« — Me voilà.

« — L'avez-vous vue ? me dit-elle,
« sans nier que ce fût moi qu'elle
« cherchât.

« — Oui, lui répondis-je sans lui
« demander de qui elle me parlait.

« — Avez-vous pardonné à mon-
« sieur de Montaleu ?

« — Non.

« — Où allez-vous ?

« — Je vais la regarder.

« — En êtes-vous là de commencer « vos attaques par des œillades obs- « tinées, pareilles à celles que me « lance ce petit bonhomme qui ar- « rive à la ceinture de Montaleu?

« — Il est fort gentil, lui dis-je; « c'est le fils de mon apothicaire.

« — Je vous conseille de le présen- « ter à la fille de votre faïencier.

« — Il faudrait d'abord que je fusse « présenté moi-même.

« — Vous pourriez prier mon mari « de vous rendre ce bon office.

« — S'il l'osait, vous ne lui par-

« donneriez pas; j'aime mieux le de-
« mander à Brias.

« — S'il l'osait, Sylvie serait ca-
« pable de lui pardonner.

« — Je ne le soumettrai pas à une
« si terrible chance de pardon, et je
« ne me ferai pas présenter; je me
« contenterai de la regarder.

« — Pourquoi faire?

« — Pour la voir.

« — C'est donc un plaisir bien ex-
« traordinaire?

« — C'est la première fois que je
« le comprends.

« — Vous n'avez donc rien vu
« d'aussi beau ?

« — Rien.

« — Pour être méchant, vous de-
« venez impoli.

« — Et pour que vous ne suiviez
« pas mon exemple, je vous laisse.

« Je n'étais pas fâché d'avoir jeté
« ce premier grain de poivre sur le
« triomphe de Léona. Si elle exècre
« la vertu et la bonne renommée de

« madame de Monrion, elle ne dé-
« teste pas moins sa beauté.

« J'étais sûr de faire éclater un peu
« plus rapidement les mauvaises in-
« tentions préméditées contre l'ange
« aux ailes coupées qui ne peut s'en
« retourner au ciel, et j'allai conti-
« nuer mon rôle d'examinateur.

« Quand j'arrivai dans le second
« salon, Julie était seule entre trois
« ou quatre grandes filles montées en
« graine, qui se tordaient les yeux
« pour la voir sans la regarder. Elle
« souffrait visiblement, et ses yeux

« cherchaient partout un protec-
« teur.

« Il y avait, dans l'autre salon,
« Champmortain, le maître de la
« maison, Brias qui la connaît,
« Amab qu'elle a aimé, et que je
« m'attendais à voir venir près d'elle;
« pas un ne démarra de la portée du
« regard de la Léona.

« Le colonel Thomas m'avait seul
« suivi dans le petit salon où se
« trouvait la belle abandonnée. Il
« la regardait étrangement, je vous
« le jure. Était-ce de la haine, de
« l'admiration ou de l'amour ?...

« Je ne puis vous le dire, mais ses « yeux lançaient des rayons chan- « geants qui firent peur à Julie quand « elle les rencontra. Il en résulta « qu'elle se tourna de mon côté.

« Probablement, je jouais sans « m'en douter le même jeu que le « colonel, car elle parut également « blessée de mon attention.

« Heureusement pour moi, le si- « gnal de la danse fut donné. Il fal- « lut de toute nécessité qu'un certain « nombre de danseurs passât dans « le second salon. Madame de Champ- « mortain donna l'exemple.

« Il y avait huit jours que cette
« première contredanse avait été pro-
« mise à Brias, qui avait eu l'esprit
« de la demander devant nous tous.
« Il s'en souvint, mais madame de
« Champmortain lui passa sous le
« nez avec le grand paquet de toile
« grise dont je vous ai parlé; c'est
« un certain baron de la Trottière,
« qui passe pour avoir conquis les fa-
« veurs d'une cantatrice à roulades
« d'Issoudun, et qu'on dit de pre-
« mière force sur l'épée.

« Ceci réveilla Brias de son anéan-
« tissement, je vis le moment où il

« allait sauter à la gorge du grand
« baron.

« Je l'arrêtai à temps et je lui
« dis :

« — Pas de sottises... Un mo-
« ment de courage, invitez madame de
« Monrion.

« Brias m'obéit en désespéré, et,
« comme tous les esprits faibles, il
« poussa les choses à l'extrême, et
« alla tout droit se placer en face de
« madame de Champmortain.

« O mon cher Villon ! il a fallu
« qu'en ce moment Dieu couvrît Julie
« et Brias du même bouclier de dia-
« mant dont il protégea les jours du

« vieux comte de Toulouse, dans
« les champs de la Palestine, pour
« que tous deux ne tombassent
« perforés, brûlés, écrasés du re-
« gard que leur lança la blonde
« Sylvie.

« Je ne sais quel parti allait pren-
« dre l'exaspération où je voyais
« madame de Champmortain, lors-
« que Léona parut conduite par ce
« goujat d'Hector.

« A cet aspect, et comme si cette
« femme portait autour d'elle une
« atmosphère de mauvaises pensées,
« une soudaine inspiration arriva à
« Sylvie : elle fit signe à Léona

« de prendre place en face d'elle, et
« jeta insolemment ces mots à
« Julie :

« — Pardon, Madame, voilà le vis-
« à-vis que j'attendais.

« Brias resta attéré ; Hector ne
« s'aperçut de rien ; madame de
« Monrion tomba presque évanouie
« sur un fauteuil qui se trouva
« derrière elle.

« Champmortain, qui avait vu le
« coup de théâtre, voulut s'approcher,
« mais il fut cloué à sa place par
« un regard de Léona. Le colonel,

« qui avait tout examiné, se retira
« d'un air mécontent.

« Brias éperdu ne savait que dire
« à madame de Monrion, si ce
« n'est qu'il était désolé et qu'il allait
« trouver un autre vis-à-vis.

« Un moment je fus tenté de cueil-
« lir pour la contredanse une de
« ces giroflées montées et oubliées
« sur les banquettes, pour venir
« en aide à Brias et à madame
« de Monrion; mais toute la dou-
« leur et tout l'effroi qui se
« peignaient sur ce beau visage ne
« purent me décider à paraître faire

« faire quelque chose pour quel-
« qu'un qui intéresse le vénérable
« Montaleu.

« Il venait d'entrer, fier de sa vertu,
« de sa bonne renommée, de sa
« pairie, de lui-même; son aspect,
« vénérablement fat, refoula toute
« pitié au fond de mon âme; je
« laissai Brias à ses fureurs et Julie
« à son humiliation.

« Enfin elle aperçut monsieur de
« Montaleu, se glissa jusqu'à lui
« et l'entraîna dans une anticham-
« bre.

« Je me faufilai aux alentours.

« Le vieux Montalcu ne voulait
« point croire ce que lui disait
« Julie. Elle pleurait ce pendant la
« veuve immaculée, la blanche Val-
« kirie, la Vénus chaste, elle pleurait,
« et le cuir verni qui couvre le cœur
« du vertueux Montalcu faisait
« glisser sur lui ces larmes saintes
« et sincères comme les gouttes
« de rosée sur une armure de fer-
« blanc.

« Dieu me damne, Villon ! Si ces
« perles qui bordaient lumineuse-
« ment les longs cils de la blonde
« fée, et qui, se détachant une à une,

« faisaient, sur cet angélique visage,
« deux ruisseaux bien autrement pré-
« cieux et éblouissants que les ri-
« vières de diamants qui se cahotaient
« sur le cou de la Rudesgens ; si ces
« larmes m'eussent parlé à moi, soit
« comme frère, soit comme époux ou
« amant, j'atteste le ciel que je fusse
« rentré dans ce bal comme un
« homme ivre, que je me fusse jeté
« à travers cette insolente contre-
« danse, pour y souffleter Champ-
« mortain, Brias, le colonel, et le
« grand sarreau gris, et monsieur
« Amab, et tous les hommes qui
« eussent élevé la voix, non-seu-

« lement pour venger cette blonde
« enfant qui pleurait, mais pour
« oublier qu'il y avait là deux
« femmes, dont l'une méritait
« d'être fouettée publiquement et
« l'autre d'être mise au régime péni-
« tentiaire.

« Mais je ne connais pas madame
« de Monrion. Je ne veux pas la
« connaître, et je la laissai sous
« l'aile déplumée de son noble pair.

« Savez-vous, Villon, ce que ce vé-
« nérable objet de votre culte trouva
« de mieux à répondre à cette triste
« désolation?

« —Personne ici, dit-il, n'aurait osé
« me faire une pareille insulte.

« Le malheureux ! mais s'il n'avait
« été sous la protection de celle
« qu'il s'est donné la mission de
« protéger, je lui aurais cloué l'in-
« sulte au front, pour lui ap-
« prendre à avoir plus de pitié et de
« dignité.

« Comment se fait-il, Villon, que
« parmi tous ces hommes, un seul
« ait eu un bon mouvement pour
« Julie, et que ce soit le vieux Ru-
« desgens, le ridicule incarné? C'est
« qu'au fond de cette vieille bonbon-
« nière en peau de citron racornie,

« il y a un cœur de père... c'est que
« Rudesgens a une fille. Un père, si
« bête qu'il soit, a un sens de plus
« que les autres hommes.

« Cependant il fallait en finir.

« Monsieur de Montalcu prétendit
« qu'il allait avoir une explication
« qui montrerait à Julie qu'elle s'é-
« tait complètement trompée sur les
« intentions de madame de Champ-
« mortain. Il envoya un laquais prier
« tout bas monsieur et madame de
« Rudesgens, ou monsieur de Champ-
« mortain, ou au besoin madame
« de Champmortain elle-même, de
« vouloir bien venir lui parler. Mais

« monsieur de Rudesgens était pris
« dans un whist, madame de Ru-
« desgens dansait, on n'avait pu dé-
« couvrir Champmortain, et ma-
« dame de Champmortain priait
« qu'on voulût bien l'attendre un
« instant.

« Brias entra au moment même. Il
« fut très troublé de la rencontre, et
« me demanda.

« — Pardon, lui dit monsieur de
« Montaleu, vous donniez le bras à
« madame de Monrion lorsqu'elle a
« été obligée de se retirer de la contre-
« danse ; dites-lui, je vous prie, que

« madame de Champmortain n'avait
» aucune intention malveillante, lors-
« qu'elle s'est trouvée forcée de rem-
« plir un engagement pris sans doute
« antérieurement.

« Brias baissa les yeux sans répon-
« dre.

« — Pensez-vous donc, Monsieur,
« dit monsieur de Montaleu, que ma-
« dame de Champmortain eût l'in-
« tention d'insulter ma nièce?

« — Que dites-vous là, mon ami?
« dit Sylvie qui entra en ce mo-
« ment.

« Je pensais au contraire être fort
« agréable à la reine des beautés, à
« votre divine nièce, en lui donnant
« la possibilité de causer plus parti-
« culièrement avec monsieur de
« Brias.

« Julie adressa à madame de
« Champmortain un simple :

« — Oh madame !

« Ce mot a été dit avec une élo-
« quence de regard qui me prouve
« que Julie en sait plus que per-
« sonne.

« — C'est au moins là un amour

« permis, je le sais, répondit madame
« de Champmortain, et dont un pro-
« chain mariage légitimera, je l'es-
« père, les imprudences. Quant à moi,
« j'ai voulu faire quelque chose pour
« le hâter ; je suis désolée d'avoir si
« mal réussi.

« Monsieur de Montaleu, qui, en
« sa qualité d'homme *sapiens et for-*
« *tis*, ne sait jamais rien, semblait
« chercher l'explication de ces pa-
« roles aux angles de tous les murs.

« Madame de Monrion regarda
« Sylvie avec une pitié si touchante
« que j'en fus ému.

« — Oh ! madame, lui dit-elle, en « quelles mains êtes-vous tombée?

« Elle croyait avoir tout deviné, « tout compris, et elle avait pitié de « la folle jalousie de Sylvie.

« Monsieur de Montaleu prit la « main de sa nièce, et parlant haut à « un domestique qu'il appela :

« — Ma voiture, et vous direz à « monsieur de Champmortain que « j'espère le voir demain matin.

« Il sortit sur cette bravade su-« rannée.

« Sylvie eut un moment d'hésita-

« tion, et peut-être eût-elle dit à mon-
» sieur de Montaleu une parole qui
« eût amené une plus convenable ex-
« plication, si ce damné Brias, qui est
« le diplomate le plus malencontreux
« que je connaisse, ne se fût avisé de
« dire à madame de Champmor-
« tain :

« — Ah ! Madame, je sais quelle
« main perfide vous a poussée à in-
« sulter la plus pure vertu ; mais je
« vous jure que je l'en punirai.

« Ceci ranima toutes les fureurs
« jalouses de madame de Champmor-
« tain.

« — C'est votre devoir de futur, « lui dit Sylvie.

« Je croyais les péripéties du « drame épuisées, lorsque tout-à-coup « le gros Hector de Montaleu, por- « tant haut comme un cheval de car- « rosse, entre et s'écrie avec une « légèreté écrasante :

« — Le futur de qui ?

« — Mais, de votre belle cousine, « de madame de Monrion.

« Hector, qui faisait semblant de « vouloir faire plusieurs bouchées « d'une glace, faillit n'en faire qu'une « de Brias ; mais la présence de ma-

« dame de Champmortain l'arrêta
« d'abord.

« Cependant il ne put attendre
« qu'elle fût tout-à-fait partie pour
« s'approcher de Brias, et lui dire
« d'une voix sinistre :

« — Il faut que je vous tue,
« Brias.

« Madame de Champmortain s'ar-
« rêta, et laissa échapper un cri
« étouffé; elle eut peur.

« — Ah ! pardieu, repartit Brias,
« vous me rendrez grand service.

« Sylvie entendit encore la réponse,
« et je ne sais ce qu'elle allait
« faire, lorsque Champmortain pa-

« rut. Sylvie s'enfuit sous la pro-
« tection de Léona qui passait.

« Hector, plein de courroux, ar-
« rêta le mari au passage pour lui
« demander de lui servir de témoin
« contre Brias.

« Champmortain demandait une
« explication, lorsque entra un domes-
« tique qui lui remit un billet écrit
« au crayon.

« — De quelle part?

« — De la part de monsieur le
« marquis de Montaleu.

« — Est-ce qu'il est parti?

« — Mais je crois qu'il ne pouvait
« guère faire autrement, dit Brias.

« — Pendant ce temps, Champ-
« mortain parcourait le billet.

« — Bien ! s'écria-t-il tout-à-coup,
« encore une affaire !

« — Comment ! mon vieux coquin
« d'oncle, dit Hector, veut se battre
« aussi?...

« — Je ne crois pas, cependant
« le billet est sec... Ah ça ! mais,
« reprit Champmortain, il s'est donc

« passé encore quelque chose de nou-
« veau ?...

« — Probablement, fit Hector, car
« je n'ai rien vu...

« — Messieurs, dit Champmortain,
« veuillez rentrer dans le bal. Point
« de scandale, je vous en supplie.

« Nous tâcherons de nous expli-
« quer tous demain.

« Ils rentrèrent, et je sortis de ma
« cachette.

« Qu'en dites-vous, l'ami Villon,
« ceci ne vous semble-t-il pas un

« joli commencement de discorde ?
« un prélude à un engagement géné-
« ral ; car, Léona aidant, il est pro-
« bable que d'ici à quelques jours,
« monsieur Amab, le grand baron,
« le colonel, et moi-même et bien
« d'autres, nous entrerons tous dans
« la mêlée ; cela va faire un terrible
« grabuge, j'en suis sûr.

« En attendant, je présumai que je
« pouvais être de quelque utilité à
« Brias, ne fût-ce que pour l'empêcher
« de se laisser tuer en désespéré par
« ce bœuf d'Hector ; je reparus dans
« le salon.

« — Mais j'y cherchai vainement « les Rudesgens et les Champmor- « tain ; ils avaient profité de la *furia* « et de l'encombrement de la danse « pour disparaître. Léona s'était en- « volée avec eux, et avec eux aussi « Hector et Brias.

« Amab jouait avec le colonel et « deux richissimes maîtres de forges. « Comme d'habitude, les deux ri- « chards gagnaient l'argent de l'ar- « tiste et du soldat.

« Ils étaient dans la chambre à « coucher de madame de Champmor-

« tain, et je fus très étonné de voir
« que le boudoir qui la suit était fer-
« mé. Un sourd murmure de voix
« transsudait à travers la porte. Il y
« avait conciliabule.

« Il fallut m'en tenir aux aguets,
« car, je vous l'atteste, je ne me serais
« fait nul scrupule de me mettre aux
« écoutes.

« Je pris la place d'Amab, qui avait
« déjà trop perdu, et je me donnai le
« plaisir de tarir la verve luxuriante,
« hilarante et dévorante des deux mar-
« chands de gueuses, en leur gagnant
« quelques centaines de louis.

« Je n'ai jamais vu deux sacs d'é-
« cus plus surpris qu'ils ne le furent
« en rencontrant un homme qui fit re-
« culer l'insolence de leur bonheur
« par l'audace de ses attaques.

« Cependant je ne jouais que d'un
« œil, l'autre était fixé sur la porte
« du boudoir.

« Elle s'ouvrit enfin, et je vis sortir
« tout d'abord monsieur et madame
« de Rudesgens. Le zéphir sexagé-
« naire avait à la fois une mine con-
« fuse et triomphante ; madame de
« Rudesgens était exaspérée; ses ri-

« vières en frétillaient sur les aspé-
« rités de son décolletage.

« — C'est l'horreur des horreurs,
« murmura-t-elle.

« — Hé! repartit son mari, il est
« du bon temps; nous sommes de la
« même époque.

« L'épithète qui ferma la bouche
« à monsieur de Rudesgens se perdit
« pour moi dans le frôlement bruyant
« du satin rose de son épouse, qui s'é-
« lança, légère comme un enfant,
« dans les mains d'un apprenti dan-
« seur. Le marquis la suivit.

« — Un moment après, Champ-
« mortain sortit du boudoir avec sa
« femme... Elle avait pleuré... Il y
« avait eu explication et scène... Je ne
« doutai pas qu'il ne s'agît de l'in-
« sulte faite à madame de Mon-
« rion.

« — Je commençais à espérer que
« la Léona s'était enfournée dans
« une entreprise où elle laisserait
« quelque peu de ses griffes enveni-
« mées.

« Je comptais sur la colère de
« Brias lorsqu'à ma grande surprise
« je le vis à son tour paraître avec

« Léona, qu'il écoutait de l'air le plus
« convaincu, et pour couronner le
« tout, après eux, se montra Hector.
« Il paraissait au mieux avec Brias,
« quoiqu'un sombre nuage obscur-
« cît le sommet de cet atlas.

« Une infamie venait de s'accom-
« plir, et pour que rien ne manquât
« à ma conviction, je pus voir quel-
« ques instants après Brias valser
« avec madame de Champmortain.
« La folle était ivre du pardon
« qu'elle avait sans doute accordé ;
« elle rayonnait de passion dans les
« bras de Brias.

« Mais ce pardon, où et quand
« avait-il été obtenu ? Comment s'é-
« tait opérée la réconciliation de
« Brias et d'Hector ?

« Je flânai autour d'eux pour
« recueillir quelque balourdise d'Hec-
« tor ou quelque indiscrétion de
« Brias. Ils étaient scellés comme
« des testaments.

« J'avisai Champmortain, lui seul
« était sombre et mécontent. Il n'est
« pas dupe de Léona, quoiqu'elle le
« tienne en laisse.

« Jusqu'à présent il ne lui avait

« guère sacrifié que sa fortune et
« sa considération ; mais il n'est pas
« homme à la laisser jouer avec
« l'honneur et l'avenir de sa femme.
« Je le tâtai à l'endroit de madame de
« Monrion, lui demandant niaise-
« ment ce qu'elle était devenue.

« Il me répondit assez lestement
« qu'il ne s'en souciait guère. Je
« n'en tirai pas autre chose.

« Je me mis à chanter mentale-
« ment le chœur :

« *Quel est donc ce mystère ?*

« *Ou si vous l'aimez mieux ;*

« *Je n'y puis rien comprendre,*

« Après me l'être suffisamment
« chanté à moi-même, j'allai tout
« doucement le souffler dans l'oreille
« de Léona, qui me répondit :

« — Comme j'ai fait donner leur
« parole d'honneur à tous ceux qui
« en sont instruits de n'en parler à
« personne, il est probable que tout
« le bal le saura ce soir.

« En effet, une heure après, je le
« savais... Mais vous, mon ami Vil-
« lon, vous ne le saurez pas.

« C'est une nouvelle drôlerie de

« la Léona, un merveilleux agence-
« ment d'une petite histoire qui ne
« m'est pas inconnue.

« Du reste, dormez en paix, ami
« Villon ! je suis là, je veille... et
« d'abord je veille pour vous écrire ;
« car j'ai quitté presqu'aussitôt cette
« abominable cohue que j'ai laissée
« en proie à la démence de toutes
« les mauvaises et de toutes les ridi-
« cules passions que la Léona lui
« avait soufflées.

« Il était une heure quand j'en
« suis sorti, il en est quatre. Je vais
« me coucher,

«Ne me répondez qu'un mot : si
« j'étais amoureux de Julie, me le
« pardonneriez-vous ? Oui, ou non.

« Bonjour.

« Montéclain. »

ORPHELINE.

## XV.

Le lendemain, monsieur de Montaleu entra de bonne heure dans l'appartement de Julie.

Elle ne s'était pas couchée ; ses

yeux étaient rouges de larmes et d'insomnie, mais, à ce moment, il semblait qu'une résolution ferme et inébranlable eût remplacé le désespoir qui l'avait tenue éveillée.

— Je suis venu pour causer avec vous de l'affaire d'hier, lui dit monsieur de Montaleu.

« J'ai écrit, comme vous le savez, un mot à monsieur de Champmortain, j'espère qu'il me fera l'honneur de venir me donner une explication, sinon j'irai la chercher.

« Mais pour que cette explication

soit complète, il faut que vous me répondiez avec franchise. Il a dû se passer entre vous et madame de Champmortain quelque chose qui l'a poussée à l'insulte publique qu'elle vous a faite. Répondez-moi, Julie...

« Je suis votre protecteur, je vous considère comme ma fille, je veux savoir toute la vérité.

Madame de Monrion écouta monsieur de Montaleu avec un visage parfaitement calme et résigné.

Lorsqu'il eut achevé, elle prit la

parole d'une voix ferme et lui répondit :

— Monsieur, je suis la fille d'honnêtes gens et je suis fière de leur nom, mais je comprends que ma naissance obscure offusque la susceptibilité de ceux qui appartiennent à une autre classe que celle dont je suis sortie.

« Madame de Champmortain a voulu me faire comprendre que je n'étais pas à ma place chez elle.

Madame de Monrion est partout à sa place ; celle que j'appelle ma nièce a droit d'être partout accueillie avec égards, repartit le marquis.

— Vous voyez, Monsieur, qu'il n'en est pas ainsi.

— Vous ne me dites pas la vérité, Julie, dit monsieur de Montaleu.

« Vous êtes venue dans ce pays, il y a six mois, et la maison de monsieur de Rudesgens vous a été ouverte avec empressement. Madame de Champmortain vous a reçue à Paris, comme une amie, et elle vous traitait de même, il y a quelques jours. Ce changement a eu lieu depuis la nuit qu'elle a passée ici.

« Vous savez comment elle est partie, malgré vos instantes prières pour la retenir... Auriez-vous par hasard manqué d'égards envers elle ?..

— Non, Monsieur.

— Je sais que cela n'a point été dans vos intentions ; mais, peut-être, peu accoutumée à certaines susceptibilités d'un monde que vous ne connaissez pas entièrement, peut-être avez-vous pu blesser madame de Champmortain?

— Vous voyez, Monsieur, dit Julie avec un sourire triste, que c'est moi qui dois probablement avoir tort : le mieux est donc que je renonce à ce monde, pour lequel je ne suis point faite...

— Vous n'êtes pas calme, Julie, et vous me répondez avec amertume. Il s'agit peut-être d'un enfantillage... dites-moi tout.

« Rappelez-vous s'il s'est passé, ou s'il a été dit quelque chose de peu convenable entre vous et madame de Champmortain?

— Si quelque chose de peu convenable a été dit entre moi et madame de Champmortain, fit Julie avec fermeté, j'aime mieux l'oublier que m'en souvenir.

Vous me causez un véritable chagrin, Julie ; vous ne m'avez pas habitué à vous trouver si froide et, je puis le dire, si hautaine. Je vous demande quelques renseignements qui puissent m'aider dans l'explication que je veux avoir ; ces renseignements, vous me les refusez...

— Puisque vous avez prononcé le mot, Monsieur le marquis, je l'accepte... Vous avez raison... ces renseignements, je vous les refuse.

Monsieur de Montaleu parut fort irrité.

— N'oubliez pas, s'écria-t-il, que vous portez un nom qui a été celui de ma sœur, et que si je suis prêt à le défendre en vous contre toute injure, c'est parce que je suppose que vous ne l'exposerez à aucun reproche.

— Ce nom, monsieur, dit Julie, vous savez comment je l'ai reçu. Ça été comme réparation, et cependant, quel que fût le crime qui m'a forcée à l'accepter, je suis convaincue que celui qui me l'a donné sur son lit de mort l'eût fait respecter en moi, s'il eût vécu.

« C'est parce que j'ai cette conviction, c'est parce que je respecte ce nom, que je ne veux pas le laisser exposé à des outrages odieux, et que je veux quitter ce pays.

— Julie, Julie, fit monsieur de Montaleu, surpris de la fermeté de cette résolution, c'est me dire que je suis incapable de vous protéger.

— Non, certes, monsieur, reprit Julie avec une douceur inexorable, mais c'est refuser de vous engager dans une lutte qu'il vous serait difficile de soutenir pour moi, puisque je suis décidée à la déserter.

— C'est aussi me dire que vous voulez me quitter, répéta monsieur de Montaleu d'une voix plus émue qu'il ne l'eût peut-être voulu.

— Ne me dites pas cela, repartit Julie, vous me rendriez trop douloureuse une résolution sage, et qui vous sauvera, je l'espère, plus de chagrins dans l'avenir qu'elle ne vous causera de déplaisir dans le présent.

— Mais quelle est la cause de cette résolution?

— Il est inutile que je vous la dise, reprit madame de Monrion.

— En vérité, ceci est étrange, dit monsieur de Montaleu vivement blessé. Je vous ai appelée auprès de moi comme ma fille, et ne pouvant vous en donner le nom, j'ai voulu vous en assurer les droits...

— Oh! Monsieur, Monsieur, s'écria vivement Julie, ne persistez pas dans cette pensée! ne me faites pas, je vous en supplie, des ennemis qui ne me pardonneraient pas vos bienfaits.

— Qu'est-ce-à-dire, Julie, accusez-vous mon neveu Hector?

— Non, certes, Monsieur.

— Cependant, lui seul peut avoir à se plaindre de mes résolutions à votre égard, et ses motifs de plainte auraient pu disparaître aisément, si vous aviez consenti à me laisser répondre favorablement à la demande qu'il m'a adressée.

— Veuillez me pardonner, Monsieur, de vous rappeler que vous-même n'avez pas pour monsieur Hector de Montaleu une considération excessive.

— Je connais ses défauts, ce sont ceux d'une nature violente, d'une éducation grossière et d'une vie peut-être un peu rustique; mais Hector est un honnête homme, il a un grand nom, il est jeune, brave, et ses prétentions n'ont rien que de raisonnable. Du reste, je ne lui ai point encore formellement répondu.

« Ecoutez-moi, Julie, j'ai beaucoup réfléchi à ce sujet : je comprends que votre délicatesse s'effarouche de la recherche d'Hector, mais d'un autre côté ce mariage concilierait beaucoup d'intérêts.

— Ce mariage est impossible, Monsieur, dit Julie, avec un douloureux effort.

— Impossible...

— Pardonnez-moi, Monsieur, fit Julie avec une vive agitation; vous avez été mon ami, mon protecteur, vous avez voulu remplacer les parents que j'ai perdus dans un funeste évènement.

« Croyez, croyez, Monsieur, que jamais reconnaissance ne fut plus sincère et plus profonde que la mienne; mais lorsque je suis convaincue que ma présence chez vous peut devenir un sujet de malheurs dont vous aurez peut-être à souffrir autant que moi, croyez, mon noble ami, que j'aurai le courage d'une séparation qui me brise le cœur, mais qui est nécessaire... il faut que je parte...

— Et que deviendrez-vous, seule au monde, sans amis, sans parents?

— J'ai un frère, Monsieur.

— Un étourdi, sans tenue, sans consistance; un enfant d'ailleurs.

— Le malheur vieillit vite, Monsieur, et la dignité dont mon frère manque aujourd'hui viendra avec la nécessité de protéger sa sœur.

— Il y a quelque chose d'extraordinaire dans tout ceci, et je pensais mériter que vous me le disiez, repartit amèrement monsieur de Montaleu.

Julie, qui jusque-là avait conservé une fermeté pénible, mais inébranlable, ne put contenir plus lontemps le désespoir qu'elle avait longtemps comprimé. Ses larmes, refoulées dans son cœur, remontèrent violemment à ses yeux avec des gémissements et des sanglots, et elle s'écria :

— Laissez-moi partir, Monsieur... Je vous en supplie; ne me faites pas vous dire d'où m'est venue l'insolence de madame de Champmortain...

— Elle avait donc une raison!... s'écria vivement le marquis.

A ce moment, la cloche du château annonça l'arrivée de plusieurs étrangers, et l'on vint avertir monsieur de Montaleu que monsieur de Rudesgens, accompagné de Champmortain et de Brias, demandaient à le voir.

— Attendez-moi, Julie, dit-il, nous ne pouvons nous séparer ainsi...Vous ne partirez pas sans m'avoir revu.

— Cela vaudrait peut-être mieux, fit madame de Monrion avec amertume.

— Songez que partir en ce moment serait accepter comme juste l'indigne outrage qu'on vous a fait hier.

Monsieur de Montaleu sortit.

Julie le regarda s'éloigner avec une colère douloureuse; mais tout-à-coup elle parut se raffermir dans la résolution qu'elle avait prise, et elle s'écria :

— Oui, je partirai... mais je ne ferai pas comme eux, je n'abandonnerai pas les faibles et les orphelins.

Aussitôt elle s'enveloppa d'une mante, prit une bourse dans son secrétaire et quitta immédiatement le château sans prévenir personne de sa sortie.

# RÉVÉLATIONS.

XVI.

Lorsque monsieur de Montaleu entra dans le salon, il salua froidement ceux qui l'attendaient.

Champmortain et Brias avaient un

air cérémonieux et solennel, et monsieur de Rudesgens lui-même faisait tous ses efforts pour paraître d'une gravité austère.

— Je n'attendais que vous, monsieur de Champmortain, dit le vieux marquis ; mais je suis charmé que monsieur de Rudesgens et monsieur de Brias aient bien voulu vous accompagner.

— Nous avons tous pensé, dit Champmortain, qu'il valait mieux que l'explication que vous m'avez demandée passât par la bouche du plus ancien et du plus sincère de vos amis.

« Ce que monsieur de Rudesgens va vous dire expliquera la présence de Brias, qui a dû plus qu'un autre s'étonner de la conduite de madame de Champmortain, puisqu'il donnait la main à madame de Monrion.

« Votre neveu Hector de Montaleu devait également assister à cette explication; mais il s'y est refusé et nous avons compris ses scrupules. On aurait pu mal interpréter sa présence dans une pareille affaire; »

aurait pu lui supposer des vues intéressées ; il s'est abstenu, et vous penserez, comme nous, qu'il a bien fait.

—C'est ce dont je jugerai mieux, quand j'aurai entendu ce que Rudesgens a à me dire. Parlez, mon ami, je vous écoute, ajouta monsieur de Montaleu en faisant signe à ses visiteurs de s'asseoir.

On prit place, et monsieur de Rudesgens, après s'être un moment balancé sur son fauteuil, avoir toussé et pris haleine, commença d'un ton cavalier et où perçait un vif coutentement de ce qu'il allait dire :

—Ecoutez, Montaleu, quoique je vous parle devant mon gendre, dont je ne voudrais pas ébranler les principes conjugaux ; quoique je parle aussi devant monsieur de Brias, un jeune homme qui doit croire à l'impeccabilité des cheveux gris, il faut cependant que je vous rappelle que nous avons été... jeunes, que nous n'avons pas toujours été... sages, témoin certaine aventure de Cologne...

Monsieur de Montaleu fronça le

sourcil et repartit d'une voix sévère:

— Quelques souvenirs de ma jeunesse ont pu me laisser des regrets, mais aucun ne m'a laissé de remords.

—Vous le croyez ainsi, et je ne recommencerai pas une discussion qui a failli nous brouiller, il y a trente ans.

—D'ailleurs, dit gravement Monsieur de Montaleu, je ne vois pas que ces souvenirs aient le moindre rapport avec l'affaire qui vous amène ici.

—Pardonnez-moi, mon ami; il était nécessaire de vous rappeler peut-être que les esprits les plus fermes ont eu leurs passions et leurs erreurs. Or, reprit-il avec une adorable fatuité, heureux ceux qui ont la liberté de continuer ces passions tant que le cœur les entraîne.

— Pardon, dit monsieur de Montaleu sèchement, mais je ne pense pas que vous soyez venu ici seulement pour faire une exposition de principes de morale plus ou moins commode.

« Je vous prie de venir au fait, et pour éviter toutes circonlocutions inutiles, je vous demande instamment de me dire les motifs de la conduite plus qu'extraordinaire de madame de Champmortin à l'égard de madame de Monrion; nous sommes de vieux amis, Rudesgens, je sais tout entendre quand c'est un homme d'honneur qui me parle clairement; mais je ne suis pas homme à tout supporter, même d'un ami, quand il n'ose m'avouer les motifs de sa conduite ou de la conduite des siens.

— C'est que c'est là le difficile, fit monsieur de Rudesgens en se trémoussant sur son siége... Allons, Montaleu, vous devez en avoir quelque idée; devinez un peu. On sait tout, que diable !... Voilà la vérité : on sait tout.

— Monsieur de Champmortain, dit le marquis avec impatience, pouvez-vous être plus explicite que monsieur de Rudesgens ? J'avoue que je deviens tout-à-fait inintelligent.

— Et j'avoue, repartit Champmortain, qu'il me serait pénible de dire certaines choses à un homme que sa longue amitié avec ma famille m'a appris à respecter...

— Je m'adresserai donc à vous, monsieur de Brias, reprit monsieur de Montalen de plus en plus étonné ; nous nous connaissons assez peu intimement pour que vous ne redoutiez pas de me parler.

— Pardon, dit Brias d'un ton pénétré, je n'ai pu refuser ni ma présence ni mon témoignage à la justification de madame de Champmortain ; mais il est des questions si délicates que c'est à peine si je me crois le droit de les connaître, et que je ne me crois pas le droit de les aborder.

— Messieurs, prenons garde,

dit monsieur de Montaleu avec hauteur ; tant de ménagements peuvent devenir une injure...

« Qu'est-ce donc qui s'est passé, qu'on hésite à me le dire ? Quoi que ce soit, cette hésitation n'est pas admissible, à moins que vous ne pensiez que j'aie autorisé ce qui s'est fait... ou que j'en sois le complice... si non même l'auteur ?

— Nous approchons de la vérité, dit monsieur de Rudesgens en jouant avec ses manchettes.

Puis il s'accouda sur ses genoux, et de l'air le plus fin, les yeux à demi-clos, le sourire aux lèvres, il reprit :

— Voyons, Montaleu, permettez-moi de vous faire certaines questions et de vous rappeler certaines dates. Vous êtes arrivé ici l'année dernière, vers la fin de la saison ?

— Dans les premiers jours d'octobre, en effet.

— Madame de Monrion était encore en deuil, nos relations avec elle se bornèrent à quelques visites réciproques.

— Je sais parfaitement tout cela. Julie était souffrante, et le souvenir de l'affreuse mort de ses parents la poursuivait encore.

— Elle était souffrante, répondit monsieur de Rudesgens, c'est très bien... Vous savez que vers le milieu d'octobre, vous fîtes une absence pour aller jusqu'à Nevers... Cette absence dura une semaine, je crois ?

— Dix jours, en effet, tout le temps que durèrent les élections du conseil-général, d'où je voulais écarter Montéclain, qui se présentait, ce à quoi j'ai réussi.

— Savez-vous que pendant ce temps madame de Monriou ait fait un voyage à Issoudun ?

— Elle y allait pour régler quelques affaires avec celui qui a acheté la maison de son père. J'étais si bien informé de ce voyage que je suis allé la chercher à Issoudun.

— Et comment l'y avez-vous trouvée ?

M. de Montaleu s'arrêta comme

frappé d'une circonstance qui lui revenait en mémoire, mais à laquelle il n'avait pas pris garde à l'époque où elle s'était présentée.

— Je ne l'y ai pas trouvée, répondit-il en examinant monsieur de Rudesgens ; car, la veille de mon arrivée, elle en était partie précipitamment.

— Eh bien ! mon cher Montaleu, dit monsieur de Rudesgens, le jour même de votre inutile voyage à Issoudun, une jeune femme arrivait, à la nuit tombante, dans le hameau de Saint-Faron, vous savez ce petit endroit perdu dans les rochers et les bois, à une lieue d'ici.

— Eh bien ?

— Eh bien, cette jeune femme remettait à une paysanne du hameau un bel enfant nouveau-né de deux jours, avec un extrait de naissance qui ne lui donnait que le nom de Jules, et le déclarait né de parents inconnus.

Monsieur de Montaleu écoutait d'un air fort étonné.

— Quel rapport tout cela peut-il avoir avec madame de Monrion ? dit-il enfin.

— Cette jeune femme, continua monsieur de Rudesgens, remettait en même temps à cette paysanne une somme de cinq cents francs en or pour les mois de nourrice de cet enfant.

« Huit jours après, elle revenait le voir et l'embrassait en se plaignant d'être obligée de l'abandonner, car elle partait et quittait le pays. C'était vers la fin d'octobre.

Monsieur de Montaleu tressaillit.

— L'époque à laquelle nous sommes partis, s'écria-t-il.

Monsieur de Rudesgens poursuivit :

— Cette femme inconnue n'oublia pas cependant cet enfant : des vêtements, des cadeaux et de l'argent furent envoyés de Paris à la nourrice ; puis le beau temps revint, et avec lui la présence de la femme inconnue...

« Enfin, depuis... un mois... les visites se sont succédées à peu de jours d'intervalle au hameau de Saint-Faron, et la belle et jeune femme paraît ravie de la santé de ce cher enfant.

— Et cette jeune et belle femme? fit monsieur de Montaleu d'une voix altérée par la colère et la surprise.

— C'est madame de Monrion, dit monsieur de Rudesgens en baissant la tête.

Monsieur de Montaleu jeta un regard presque égaré sur Brias et Champmortain, qui s'inclinèrent sans prononcer une parole.

— Impossible! s'écria monsieur de Montaleu, impossible... on vous a menti...

— Votre douleur et votre étonnement vous justifient, à mes yeux du moins, dit monsieur de Rudesgens; car je dois vous l'avouer, mon cher Montaleu, la concordance de votre absence et de celle de madame de Monrion avait fait croire à certaines gens que vous aviez fait semblant d'aller d'un côté pendant que madame de Monrion allait d'un autre, et cela pour vous retrouver au lieu et à l'heure où devait naître ce fruit d'une faiblesse dont l'excuse est, pour vous, dans la beauté de madame de Monrion, et, pour elle, dans l'espoir de s'assurer l'un des plus riches héritages du pays.

— Je rêve, je rêve, je rêve! répétait monsieur de Montaleu.

Puis il se leva et reprit vivement :

— Et voilà trois gentilshommes, gens de cœur, gens d'esprit qui osent se faire les émissaires de pareilles calomnies! Et dites-moi, Rudesgens, dites-moi, Messieurs, qui vous a appris toutes ces belles choses?

— La nourrice elle-même, reprit monsieur de Rudesgens.

— La nourrice! répéta le marquis; comment, vous avez vu cette femme?

—Quoique ma fille, qui tenait tous ces détails d'une personne bien informée, nous les eût révélés hier, lorsque mon gendre lui demanda compte de sa conduite envers madame de Monrion, nous n'eussions pas osé vous redire de pareilles choses, si nous n'avions eu des preuves de ce que nous devions avancer.

— Des preuves ? répéta encore le marquis de Montaleu...

— Oui, continua monsieur de Rudesgens, des preuves.

« Monsieur de Champmortain, monsieur de Brias, votre neveu et moi qui étions présents hier à l'explication de Sylvie, nous nous sommes transportés, au sortir du bal, chez la paysanne en question.

« Elle s'appelle Jeanne Dromery : c'est la femme d'un bûcheron du hameau de Saint-Faron, sa maison est située à quelque distance du village, au milieu de la forêt. Nous nous sommes présentés chez elle, et nous l'avons questionnée.

« Il faut vous le dire, Montaleu, elle a confirmé tous les détails que je viens de vous rapporter. Depuis six mois, nulle autre femme que celle qui a apporté l'enfant n'est venue le visiter. Nulle autre personne ne s'en est informée.

« Alors je lui ai demandé si elle connaissait le nom de cette dame. Cette question a paru la troubler.

« Vivement pressée par nous, elle a fini par nous avouer que cette dame lui avait dit s'appeler madame Thoré...

— C'est le nom de sa famille, en effet, dit le marquis avec épouvante; mais il n'est pas tellement rare qu'il ne puisse être celui d'un autre...

— Monsieur de Brias nous a fait

faire cette réflexion, reprit monsieur de Rudesgens; nous avons pressé la nourrice pour savoir si elle ne connaissait pas cette dame sous un autre nom... alors, elle a fini par nous avouer que, curieuse de la connaître, elle l'avait suivie jusqu'à la porte de votre parc, qu'elle l'y avait vue entrer après avoir été saluée par un garde qui passait...

— Eh! alors... fit le marquis, dont la voix tremblait...

— Alors, reprit monsieur de Rudesgens, la nourrice aborda le garde et lui demanda quelle était la belle dame qui venait d'entrer dans le parc.

— Et il lui a répondu? fit monsieur de Montaleu tellement agité, que c'est à peine s'il pouvait se faire entendre.

— Que c'était la comtesse de Monrion, repartit encore monsieur de Rudesgens.

Le vieux marquis baissa la tête, comme écrasé par cette foudroyante nouvelle...

Mais après un moment de ce silence douloureux et solennel, il se releva vivement.

— Messieurs, dit-il avec colère, il faut que je voie cette femme... il faut que vous me suiviez : il y a quelque infâme complot dans tout ceci. Ne le pensez-vous pas, monsieur de Champmortain? ajouta-t-il d'un ton plein de sarcasme.

— Je ne sais autre chose que ce que vous a dit monsieur de Rudesgens, repartit Champmortain embarrassé.

— Et vous, monsieur de Brias? dit le marquis.

— Croyez, Monsieur, que je regrette vivement d'avoir été mêlé à tout ceci. Le seul rôle qui m'y convienne, c'est de garder un silence absolu sur tout ce qui se passe, et ce silence, je vous le promets.

# CIRCONSTANCES AGGRAVANTES.

## XVII.

Quelques minutes après, monsieur de Montaleu, le vieux de Rudesgens, Brias et Champmortain étaient en voiture pour se rendre au village de Saint-Faron, ou plutôt jusqu'à un carrefour où la route, s'enfonçant à travers les rochers, cessait d'être carrossable.

Monsieur de Rudesgens était monté dans le coupé de monsieur de Montaleu ; Brias et Champmortain les suivaient en phaéton.

— Un mot, Rudesgens, fit monsieur de Montaleu dès qu'ils furent seuls, et que ce mot soit le dernier sur une affaire dont il m'est odieux d'entendre parler.

— Je comprends que la conduite de madame de Monrion vous affecte vivement...

— Il ne s'agit point de madame. de Monrion, mais de cette sotte affaire de Cologne, que vous êtes venu si maladroitement me jeter à la face.

— Pardon, mon cher marquis, dit monsieur de Rudesgens ; mais, sur mon âme, si je vous ai rappelé le passé, c'est que je vous croyais l'auteur du méfait d'aujourd'hui. Vous avez été sage, Montaleu ; vous avez fui le mariage, vous pouvez papillonner comme autrefois, comme au temps de Sophie...

— Rudesgens, vous savez quelle a été mon irrévocable détermination vis-à-vis cette femme indigne. Par grâce n'en parlons plus.

— Soit, gardez votre opinion, je garde la mienne ; je suis sûr que Sophie était innocente... Ceci vous fâche, n'en parlons plus... Ah ça, que pensez-vous de madame de Monrion ?

— Je dis que c'est impossible, que cela ne se peut pas. Julie est libre... elle peut épouser qui elle voudra...

« Non, ce n'est pas vrai ; il y

a là un complot infâme ou une erreur déplorable.

— Tâchez d'y voir plus clair que nous, je le désire.

— Mais, quel serait le malheureux?...

— Le malheureux ! dit monsieur de Rudesgens en caressant amoureusement ses rares cheveux, l'épithète est injuste... Ce n'est pas celle que je vous appliquais... quand je pensais que...

— C'eût été la dernière des infamies.

— Et le plus charmant des triomphes, reprit monsieur de Rudesgens. Ah! c'est bien la plus adorable personne...

Le marquis haussa les épaules.

— Et dire, continua monsieur de Rudesgens, que c'est peut-être la seule femme à laquelle je n'ai jamais adressé un mot d'amour... je la regardais comme une sainte...

« Ah! mon cher, le respect pour les femmes est toujours une duperie ; on ne m'y reprendra plus.

Pendant que le vénérable zéphi

continuait à débiter ses gothiques fatuités à monsieur de Montaleu, qui ne l'écoutait plus, Champmortain et Brias voyageaient l'un près de l'autre dans le plus profond silence. Ils étaient également tristes et préoccupés.

Champmortain voyait avec épouvante le trouble que la seule apparition de Léona avait apporté dans sa maison, et il en était d'autant plus mécontent qu'il ne pouvait accuser que lui de ce malheur.

Brias réfléchissait à la terrible position où il se trouvait, ainsi que Sylvie.

En effet, Léona était la confidente de leurs amours ; elle pouvait donc les perdre tous deux le jour où ce crime serait nécessaire à sa vengeance.

Sans que rien lui en donnât la certitude, Brias avait la conviction de l'innocence de Julie, et cependant il n'avait pas osé, il n'osait pas la défendre, car il devait craindre que madame de Champmortain n'eût à souffrir du moindre effort qu'il ferait pour justifier la comtesse.

Champmortain fut le premier à rompre le silence :

— C'est là une sotte affaire, Brias, lui dit-il.

— Bien triste, repartit Brias.

— Savez-vous qui a donné ces détails à ma femme ?

— Ne vous l'a-t-elle point dit ?

— Elle s'y est absolument refusée ; mais vous, je suis sûr que vous savez quelque chose. Vous n'êtes pour rien dans tout ceci, et cependant vous en êtes plus affligé qu'aucun de nous.

— Tenez, dit Brias avec impatience, je voudrais être à mille lieues de ce pays.

Tout en causant ainsi, ils arrivaient à la partie du bois où il leur fallait quitter leurs voitures. Ils s'engagèrent alors dans d'étroits sentiers et continuèrent leur route à pied.

Frappé par la terrible révélation qui venait de lui être faite, monsieur de Montaleu avait d'abord plié la tête sous cette cruelle accumulation de circonstances; mais peu à peu il s'était remis de cette première alarme, et il était convaincu que les renseignements qu'il allait trouver à Saint-Faron expliqueraient toute cette calomnie.

Ils n'étaient plus qu'à quelques pas de la demeure de Jeanne Dromery, lorsque le marquis s'arrêta tout-à-coup en reconnaissant madame de Monrion qui franchissait le seuil de la chaumière, et qui s'éloigna rapidement.

Brias et Champmortain furent obligés de le soutenir.

— Oh! la malheureuse, murmura monsieur de Montaleu.

Et une larme qui vint mouiller sa paupière, montra combien était sincère et profonde la tendresse qu'il avait pour Julie.

—A qui croire, maintenant? ajouta-t-il d'une voix étouffée.

Il y avait tant de désespoir dans ce noble vieillard que Brias en qui le remords de ce qui se passait parlait plus haut que dans le cœur de ses compagnons, oublia la prudence qu'il s'était imposée et dit à monsieur de Montaleu.

— Entrez, Monsieur, entrez, peut-être découvrirez-vous que tout ceci est une calomnie ou une erreur fatale.

— Non, dit monsieur de Montaleu avec un accent désespéré, non. Vous avez vu cette femme, et elle vous a dit que madame de Monrion...

— Devait être la mère de cet enfant qu'elle seule venait voir. Mais entrez....

— Non, reprit encore le marquis.

« J'ai trop oublié que je n'ai aucun droit sur madame de Monrion. Ce n'est plus pour moi qu'une étrangère, et dès lors tout ce que je ferais pour apprendre son secret ne serait plus qu'un vil espionnage...

« Je n'ai plus rien à faire ici...

Comme monsieur de Montaleu prononçait ces paroles, un rire âcre et sardonique se fit entendre à quelques pas de lui, dans un bouquet d'arbres. Tous se retournèrent et restèrent fort surpris de voir Montéclain, en costume de cheval, et qui s'avança vers eux en continuant à rire; il salua amicalement Brias, Champmortain et monsieur de Rudesgens, et fit à monsieur de Montaleu une inclination de tête, qui était plutôt une impertinence qu'une salutation.

— Que faisiez-vous là? lui dit Prias.

— J'admirais, répondit Montéclain en riant, j'admirais la logique de monsieur de Montaleu, qui ne peut pas aller interroger cette paysanne, quand cela pourrait justifier sa nièce, et qui a accepté les révélations qui la condamnent.

— Monsieur de Montéclain, fit monsieur de Montaleu avec hauteur, vous oubliez à qui vous parlez.

— A mon plus mortel ennemi, je ne l'oublie pas, à celui qui a pris à tâche de me peindre comme un misérable débauché dans une publique assemblée d'électeurs; à celui qui s'est fait un point d'honneur de me faire échouer dans toutes les routes où peut me pousser mon ambition ; non, monsieur de Montaleu, je n'oublie pas à qui je parle, je m'en souviens trop bien, au contraire, pour ne pas profiter de toute circonstance où je pourrai vous rendre une partie du mal que vous m'avez fait.

— Et ne pouvant vous attaquer à moi, repartit monsieur de Montaleu furieux, vous voulez frapper une pauvre femme.

Rien ne peut peindre l'indicible mépris avec lequel Montéclain regarda monsieur de Montaleu....

Il haussa les épaules et lui tourna le dos en se dirigeant vers la chaumière que venait de quitter madame de Monrion.

— Où allez-vous ? s'écria monsieur de Montaleu.

— Chez cette femme, j'y ai affaire, moi, repartit Montéclain dédaigneusement.

Aussitôt il s'éloigna rapidement.

Messieurs de Rudesgens, Brias, Champmortain se regardèrent d'un air stupéfait, et monsieur de Montaleu murmura d'une voix sourde :

— Non je n'entrerai pas là... Mais il faut que je voie Julie.

Il s'éloigna à son tour, et ses amis le suivirent.

# UN GRAND PROJET.

XVIII.

Le féroce Hector de Montaleu était rentré chez lui après le bal, et, contre sa coutume, il ne s'était point endormi de ce sommeil pesant qui est l'heureux partage des brutes et des gens sangains qui boivent beaucoup ; il avait passé le reste de la nuit à se promener.

Un grand dessein agitait sa pensée.

Hector n'était point accoutumé à l'exercice pénible de réfléchir, de combiner les diverses chances d'un projet, d'en prévoir les obstacles, de trouver les meilleurs moyens de les tourner ou de les briser.

Quand ses passions brutales s'allumaient, il marchait au but qu'elles lui désignaient sans qu'il s'occupât des conséquences. Il était noble, il était riche, il était fort, et il se disait qu'après tout il serait quitte pour payer le silence de ceux qui auraient à se plaindre, si c'était de la canaille, et pour tuer dans un duel ceux qui trouveraient à redire à ses actions, s'ils valaient quelque chose.

Mais il paraît que cette fois cette suprême solution de tous les embarras où il pourrait se trouver n'était pas admissible,

En effet, il s'agissait pour Hector d'accomplir quelque chose d'adroit, de triomphant, et qui devait le poser en héros.

Pour expliquer comment la pensée d'un pareil projet lui était venue, et comment il était parvenu à l'élucider dans son épais cerveau, il faudrait presque raconter des travaux d'Hercule.

Supposez un homme qui, par hasard et au milieu d'une tourmente, a découvert la naissance d'un filon d'argent dans une montagne de sable. Il creuse avec activité, travaille, sue et aperçoit tout-à-coup la direction du filon ; mais tout aussitôt le sable s'éboule et détruit le travail laborieusement accompli.

Notre homme se remet à l'ouvrage et arrive dix fois au même résultat, et dix fois le voit détruit par le même accident.

Voilà à peu près ce qui était arrivé à Hector.

Comme on a pu le lire dans la lettre que Montéclain avait écrite à Villon, il avait assisté au petit conciliabule qui s'était tenu dans le boudoir de madame de Champ-mortain...

C'est là que Sylvie, armée depuis la veille par Léona des renseignements étranges que monsieur de Rudesgens répéta le lendemain à monsieur de Montaleu, c'est là, disons-nous, que Sylvie raconta l'histoire fort extraordinaire de l'enfant confié par madame de Monrion à la paysanne de Saint-Faron.

Montaleu avait d'abord écouté tous ces détails et leurs dates les yeux béants et stupéfaits, et plus d'une fois une espèce de grognement sourd et étouffé avait témoigné de l'intérêt qu'il prenait à cette histoire.

Peut-être même l'eût-il interrompue à plusieurs reprises si, pendant qu'il cherchait une phrase dans son épaisse intelligence et qu'il entrouvrait sa pesante mâchoire, des intelligences plus actives et des langues plus prêtes n'eussent pris la parole.

Toujours est-il qu'il laissa aller le récit jusqu'au bout. Il quitta donc le boudoir sans avoir prononcé une parole et tout bouleversé par cette révélation.

Ce fut au milieu de cette tourmente morale qu'une lueur d'idée se montra à Hector. Il se dit aussi qu'il pouvait tirer un grand profit de cette révélation.

Un autre, dans sa position, eût vu en dix secondes comment il fallait s'y prendre ; il fallut plus de dix heures à Hector pour déblayer cette pensée de l'épaisse confusion qui régnait dans cet esprit de pâte ferme.

Mais il avait entrevu que les trois cent mille livres de rentes de son oncle pouvaient lui revenir, et un pareil filon valait la peine que le vigoureux vicomte remuât des montagnes pour s'en emparer.

Il y mit donc tant d'ardeur, tant de persévérance, qu'il finit par voir clair dans son projet, et par se tracer une marche à suivre pour atteindre le but.

Comme on le verra, si le plan avait été laborieusement combiné, il ne manquait ni d'audace, ni d'adresse. Seulement, un obstacle pouvait l'entraver dès les premiers pas.

Peut-être cet obstacle n'existait-il pas. C'est ce dont Hector voulut s'assurer.

Il monta à l'étage le plus élevé de son château, ajusta d'une certaine façon les persiennes de quelques croisées, en ouvrit une, laissa pendre en dehors un long rideau rouge, et ne redescendit qu'après avoir vu un signal à-peu-près semblable lui répondre qu'il avait été compris à la ferme de Lavordan.

Quelques minutes après, Brias, Champmortain et monsieur de Rudesgens vinrent le chercher pour être présent à l'interrogatoire qu'on voulait faire subir à Jeanne Dromery.

Il assista à l'interrogatoire comme il avait assisté au récit de la veille, sans s'en m er autrement que par l'attention qu'il y prêta.

Une seule parole lui était échappée, parole d'une portée immense, si elle eût été recueillie par des esprits plus attentifs que ceux qui procédaient à cet interrogatoire et qui pressaient la nourrice de questions confuses.

Hector dit tout bas à Jeanne :

— Jamais aucune autre femme n'est venue voir cet enfant ?

— Jamais, lui répondit la nourrice.

Hector poussa un soupir de bugle et son visage roussi s'épanouit de satisfaction.

Les interrogateurs partirent, et nous avons dit par leur bouche sous quel prétexte délicat Hector avait refusé de les accompagner chez son oncle.

FIN DU SECOND VOLUME.

LAGNY. — IMPRIMERIE DE GIROUX ET VIALAT.

www.ingramcontent.com/pod-product-compliance
Lightning Source LLC
Chambersburg PA
CBHW071126160426
43196CB00011B/1812